BAILAR LA QUIETUD

PROFUNDIZANDO EN LA PRÁCTICA DE CONTACT IMPROVISACIÓN

MARTIN KEOGH

INTIMATELY ROOTED BOOKS

Terra Incognita

*Dentro de nosotros, hay vastos reinos de conciencia que
 aún no soñamos,
vastos rangos de experiencia, como el rumor de arpas
 invisibles,
de los que no sabemos nada.*

*Ah, cuando el hombre logra escapar de la maraña de
 alambre de púas
de sus propias ideas y sus propias respuestas
 mecánicas,
hay un maravilloso mundo pleno de contacto y de pura
 belleza fluida
y conciencia audaz de frente a la vida, ahora, desnuda.
Y yo, y tú, y otros hombres y mujeres.
Y las uvas, y demonios, y los fantasmas y la luz verdosa
 de la luna
y extremidades rubicundas, revolviendo el limbo
del aire desconocido, y una mirada tan suave,
más suave que el espacio entre las estrellas,
y todas las cosas, y nada, y ser y no ser
en una palpitante alternancia.*

*Cuando por fin escapamos del encierro de alambre
 de púas
del Conócete a ti mismo, sabiendo que nunca podremos
 saber,
que no podemos más que tocar, y maravillarnos, y
 considerar, y hacer nuestro mejor esfuerzo
y pender de un último deleite fino y fastidioso
como lo hace la fucsia, colgando su gota temeraria*

*de púrpura después de tanta maravilla de brotar
y montarse lentamente en un pequeño arbolito.*

- DH Lawrence

Bailar la quietud
Profundizando en la práctica
de Contact Improvisación
Intimately Rooted Books
© 2019 Martin Keogh
Todos los derechos reservados

ISBN- 978-1-9990208-1-1 (Libro de bolsillo)
ISBN- 978-1-9990208-0-4 (Libro electrónico)

Traductora: Jeanette Soria
Diseño de portada: Elizabeth Mackey
Fotografía de portada: Sören Wacker: sorenwacker.pixieset.com
Bailarinas: Rose Leighton y Jeanette Soria
Fotografía de danza de portada: Thomas Häntzchel
Bailarines: Martin Keogh y nRick Nodine
Fotografía de biografía de contraportada: Nadja Meister

Muchos ensayos incluidos en este libro aparecieron por
primera vez en Contact Quarterly, Proximity y Yes! Magazine

Bailar la quietud: Versión 1 (2019)

Contáctame:
contact@martinkeogh.com

OTRAS OBRAS DE MARTIN KEOGH

Hope Beneath Our Feet
Restoring Our Place in the Natural World

As Much Time as it Takes
A Guide to Healthy Grieving

Etched in Your Brain Name Games
For Groups of all Sizes

Para más información sobre libros, videos y programación de talleres visita: martinkeogh.com

Dedicado a:

La Orden de los Suspiros

ÍNDICE

Introducción   xi

PARTE I

1. El momento de tu vida   3
2. La tierra te respira   13
3. 101 maneras de decir no al Contact Improvisación   24
4. Reflexiones sobre ser un artista viajero del Contact   36
5. Chiles jalapeños corren por mis venas   47
6. Echando sal (con Gretchen Spiro)   54
7. Bailar bajo distintas constelaciones   64
8. Asumir una postura (con Keith Hennessy)   70
9. 38 obsequios del Contact Improvisación   85
10. ¿Es Contact Improvisación para ser visto en escena?   88
11. Habilidades para hacer laboratorio   101
12. Bailar la quietud   109
13. Los momentos de éxtasis   121
14. Bosque de árboles antiguos   131

PARTE II

15. Introducción   145
16. ¿Quién puede enseñar Contact Improvisación?   147
17. El primer contacto   150
18. Contener el espacio   159
19. Encontrar el material   170
20. Secuenciación (con Brenton Cheng)   176
21. Herramientas para enseñar   187
22. Tropezar con gemas   195
23. Lenguaje   204
24. Al momento de hacer comentarios   213
25. En el corazón de los comentarios   221
26. Elementos básicos   232
27. Brasas en el corazón   245

Agradecimientos	255
Notas	259

INTRODUCCIÓN

Durante mucho tiempo soñé con ser escritor. Me imaginaba sentado escribiendo por largas horas junto a una fogata acogedora en una cabaña discretamente amueblada. Sin embargo, a ese sueño le faltaba un detalle importante. Cada vez que me disponía a escribir, terminaba con la cabeza atiborrada tratando de elegir un tema sobre el cual hablar.

Entonces, el ataque del 9/11 irrumpió en nuestras vidas y, en menos de una semana, llegué a la conclusión de que no necesitaba emprender una cacería desenfrenada para encontrar un tema: escribiría sobre *Contact* Improvisación (C.I.), la forma de danza que había estado enseñando y presentando durante décadas. Y así, en medio de las giras, de ser padre y ser esposo, empecé a escribir.

Aprendí mucho en la época que viví en San Francisco. El área de la bahía es conocida por tener una comunidad emergente de bailarines de *Contact*. Cada vez que queríamos explorar esta forma de danza, bailábamos en los *jams* de *Contact* semanales, en residencias de danza, en los ensayos y en los *"labs"*. También bailábamos en los parques, en el Distrito Financiero en el centro de la ciudad y en las fiestas de "deslizadas sobre dunas" en la playa Nacional Point Reyes, al norte de California. En una ocasión, durante una de las excursiones al zoológico, acordonamos un área de grama y pusimos un cartel aparentemente institucional que decía "Nueva atracción". Luego varios de nosotros empezamos a ejecutar unas rondas de danzas. La gente se detenía y veía el cartel. Algunos nos miraban sorprendidos, hubo algunos que incluso se unieron.

Otra vez, después de una jornada bailando en la playa de Limantour, nos sentamos alrededor de una fogata y escuchamos el rumor de las olas estrellándose contra las rocas. Un grupo de nosotros formaba parte de *Touchdown Dance,* una organización que trabaja *Contact* Improvisación con personas no videntes. Estábamos sentados allí y mientras dejábamos que la oscuridad nos abrazara y observábamos la danza de las llamas y las brasas ardiendo alguien preguntó "¿Cómo le describirían el fuego a una persona que no vidente?" Nuestras descripciones resultaron patéticas en comparación con el crispar y el saltar de las llamas que veían nuestros ojos. ¿Cómo le describes a alguien algo tan variable y cambiante sin poder recurrir a meter sus manos en él? En ese momento me di cuenta de por qué es tan difícil definir *Contact* Improvisación. Al igual que el fuego, está en movimiento, voluble todo el tiempo. Este libro es mi intento por describir las chispas y los crujidos de nuestra danza.

Cuando consideramos que esta danza es una forma espontánea de movimiento que requiere del cuestionamiento continuo, vemos que uno de los retos más grandes acerca de investigar *Contact* Improvisación es admitir que no lo sabemos todo... y que nunca lo haremos.

Los capítulos de este libro capturan esos momentos de investigación y exponen las preguntas y las respuestas que aclaran un instante y no una doctrina. Al igual que cuando bailo o enseño, cuando escribo encuentro el mismo reto de adentrarme con la intención de una pregunta de improvisación en lugar de llevar un conjunto preestablecido de reglas dogmáticas. Cada persona encuentra su propio camino hacia la danza. Estos solo son algunos de los senderos que yo he tomado – lo que he experimentado y lo que he aprendido a lo largo de estos casi cuarenta años de participar en la práctica de Contact Improvisación como maestro y como *performer*.

En una oportunidad, en un complejo grande de salones de danza en Oakland, California vi a dos maestras de danza moderna espiando una clase de Contact por la ventana de la puerta del estudio. Oí cuando una le decía a la otra, "¡No puede ser! Otra vez están sentados y hablando".

Irónicamente, eso que le pareció a ella algo inaudito es lo que yo valoro de esta danza. Le da prioridad a nuestra habilidad de estar presentes en el momento y nuestra capacidad para articular nuestra experiencia y nuestra exploración a los demás. Esto también me ha ayudado cuando escribo.

Empiezo como cuando me preparo para una danza. No estoy escalando una montaña ni se trata de una tarea colosal. No existe ninguna expectativa. Me abandono en este lugar adentro en mi interior, donde siempre estoy listo para bailar, donde las palabras ya existen.

Las palabras son importantes. ¿Cómo perseguimos metáforas que puedan replicar las mismas sensaciones viscerales que tenemos cuando bailamos? Mi tarea entonces es domar algunos de esos pensamientos. Seducir, tentar y persuadir a las imágenes para que se queden en el papel.

Las imágenes más difíciles son las nocturnas, con sus ojos reflectantes que solo se dejan ver de noche. ¿Cómo escribes sobre la sombra de la danza, las cualidades efímeras de esta forma, las danzas de los límites y las emociones, la confluencia con lo espiritual, los momentos de éxtasis? Para poder descubrir estas imágenes en toda su mística indomable, tienes que entrar a tientas y agudizar otros sentidos que perciban lo que está sucediendo en ese momento.

Esta es mi carta de amor para la danza. Me considero afortunado por tener pasión por ambos, el lenguaje y la danza. Fueron cuatro décadas de encuentros y forcejeos, disonancias y armonías que escribieron este libro. Acá presento un conjunto de ensayos, textos en colaboración y apuntes de las investigaciones en mis clases. Puedes leerlo desde el inicio o puedes ir saltándote las páginas antojadizamente.

Estoy agradecido con Steve Paxton por su extravagante idea de reunir a un grupo de personas para investigar lo que se convirtió en C.I. Mi apreciación es para los bailarines originales por tener la visión de no codificar la danza ni convertirse en la "Patrulla del C.I.", ya que esto permitió que el Contact Improvisación se desarrollara de manera orgánica y pudiera madurar en algo que nadie pudo haber previsto o incluso imaginado. Estoy agradecido con la generosidad de todos mis maestros y con Nancy Stark Smith por su compromiso con el lenguaje; así como por el tiempo que pasó cultivando esta forma a través de la revista *Contact Quarterly*. Más que nada, gracias a mis estudiantes, colaboradores y cómplices en las danzas por hacer de la vida algo tan exquisito.

Quiero dedicar este libro a ti, el lector. Algunas partes las escribí en San Miguel de Allende en el desierto de México. Sentado al aire libre en una mesa de hierro fundido, rodeado de buganvilias moradas y carmín, colibrís viajeros y el sonido de las campanas y las gallinas. Los colores que reflejaban los adoquines después de llover, el aroma de los chiles poblanos asados rellenos de queso y el arrullar de las palomas alimentaron mi deseo de llevar con todos sus matices esta danza a las palabras. Otras partes las escribí en el templado bosque nuboso del Mar de Salish acompañado por focas, nutrias de río y orcas. Todas ellas nadan en estas páginas. Espero que cuando leas estos ensayos recibas aunque sea una dosis del placer que yo experimenté cuando las escribí.

PARTE I

1

EL MOMENTO DE TU VIDA

Recientemente volví al sureste para impartir un taller de Contact Improvisación de dos fines de semana en Washington DC, Richmond y Virginia. Ya he impartido clases en estas comunidades y no quería usar otra vez mi material "probado y aprobado". Por lo que con tal de desafiarme a mí mismo y a los estudiantes, ideé un tema que también me interesaba desarrollar. Lo titulé "El momento de tu vida". Esta fue la descripción:

> En este taller de 4 días utilizaremos los aprendizajes de Contact Improvisación como un medio para investigar nuestra relación con el tiempo. Con juegos, algo de sudor y la corporalidad particular de esta forma, nos preguntaremos:
>
> ¿Cómo nos relacionamos con el hecho de tener una cantidad de tiempo finita?
>
> ¿Qué significa tener "suficiente" tiempo?

¿Cómo podemos dilatar el tiempo poniendo nuestra atención en los detalles?

Estas preguntas surgirán a medida que dominamos más de las habilidades y emocionalidades del Contact. Haremos énfasis en sorprendernos volando y continuar el movimiento hasta el final por un período prolongado de tiempo.

Me interesaba profundizar en experimentar el paso del tiempo de una manera más kinestésica que conceptual. Mi objetivo era mantener la experiencia y la sensación como base de nuestras exploraciones.. Quería ver si al dilatar nuestra atención para observar los detalles de cada momento, el tiempo se ralentizaría.

Siempre me ha interesado el tiempo. Pasé seis años de mi formación creciendo en México y he vivido allí dos veces como adulto. El tiempo en México es diferente; es más lento, como si se moviera en un arco largo y sin prisa. En los Estados Unidos, particularmente en el norte, pareciera que rara vez hay suficiente tiempo. Da una sensación como de personas hambrientas de tiempo: siempre apresuradas, con demasiado por hacer, agobiadas, abrumadas, tensas. Es como si jadearan por el tiempo, así como deben jadear por el aire quienes están en las alturas. En una tierra próspera de recursos y estímulos, somos paupérrimos cuando se trata del tiempo.

A menudo empiezo mis clases diciendo: "No hay prisa, no hay ningún lugar a donde ir, no hay nada por hacer. Hoy tenemos todo el tiempo del mundo". Con frecuencia esto es seguido por suspiros y el caer de los hombros por uno o dos centímetros. Tendemos a querer atrapar el tiempo para poder aprovecharlo al máximo y al escuchar que el tiempo que tenemos es suficiente, nos permitimos relajarnos.

Solía quejarme en clase de que me gustaría tener más tiempo. Entonces me di cuenta de que estaba siendo víctima de querer demasiado. Ahora mi mantra es: haz menos. No importa si se trata de un taller de siete horas o una clase de cincuenta minutos, tengo tiempo suficiente. A menudo me deshago de los relojes en el estudio para que podamos dejar de estar en el tiempo del reloj y entrar en el tiempo del cuerpo.

En el taller "El momento de tu vida", comencé preguntándole a cada uno cómo se relacionaba con la idea de que estaríamos siete horas juntos. ¿Ves este lapso de tiempo como una línea recta o como una línea curva? ¿Cómo se siente? ¿Lo imaginas? ¿O lo sientes kinestésicamente? ¿Tiene textura? ¿Es como el terciopelo, un tobogán de agua, como hiedra que pica, o es áspero como el papel de lija?

Luego hicimos un ejercicio de conciencia que es muy efectivo para aquietar la mente y regresar al presente. Usamos una mano para envolver el pulgar de la otra mano. Dejamos que las manos descansaran en el regazo y sentimos el pulso en el pulgar. Cuando encontramos el pulso, contamos de atrás para adelante empezando desde diez al ritmo del pulso, y luego sentimos algunos pulsos más. Después cambiamos al otro dedo pulgar. Cambiando de mano cada vez, hicimos todos los dedos hasta llegar a los meñiques.

He descubierto que la simple conciencia de un ritmo interior permite que algo adentro de nosotros se asiente y la mente se acalle. También es una manera maravillosa de conciliar el sueño por la noche cuando los molestas vocecitas en tu cabeza quieren mantenerte despierto.

La mayoría de las personas "ven" el tiempo moverse en una dirección. Delante de nosotros está el futuro; detrás de nosotros está el pasado. Oímos frases como "Eso ya quedó en el pasado" y "Veremos lo que se avecina". Siento que esta "visión" compartida del tiempo tiene un efecto en nuestra danza. Hace que nuestro movimiento sea más lineal y simétrico y menos esférico y multifacético.

Sugerí a la clase la imagen de que el tiempo nos llega desde todas las direcciones, de toda la esfera, todo al mismo tiempo, y desaparece dentro de nosotros en el pasado. El tiempo nos rodea, somos consumidores de tiempo; lo ingerimos.

Usamos esta imagen del tiempo viniendo de todas direcciones como una forma de meditar en el umbral de nuestro interior, donde el tiempo nos atraviesa desde el futuro, que viene desde afuera, hacia el pasado que está adentro. Nos "sentamos" en la cúspide del tiempo. Este ligero cambio en nuestra visión del tiempo de lineal a esférico tuvo el efecto de cambiar nuestra percepción del tiempo de visual a cenestésico. A medida que meditábamos sobre el paso del tiempo, jugamos cambiando el umbral del tiempo en el cerebro, en el corazón, en el vientre, en la ingle y en la piel. Nos volvimos permeables al tiempo mientras lo sentíamos entrar en nosotros.

Desde este lugar de conciencia, de sentir el tiempo en movimiento, comenzamos a mover nuestros cuerpos. Dejamos que la velocidad del tiempo nos pusiera en movimiento. Dejamos que el tiempo soplara nuestros veleros, buscando el ritmo donde el movimiento sucedía sin esfuerzo.

Cuando una persona grita en un cañón, cada garganta tiene un tono en particular donde el eco resuena con mayor claridad. De la misma manera, cada persona tiene un ritmo en el que puede moverse con lucidez y claridad. No es que *harán* su movimiento, sino que *permitirán* que la velocidad los mueva. Una vez que encuentran ese ritmo, las personas pueden moverse durante un largo tiempo. Entonces, durante media hora, una hora, nos movimos en la clase explorando los límites del tiempo.

Esto evolucionó a un trabajo de parejas. Con las complejidades relacionales que surgen del trabajo en parejas -expectativas y juicios y reacciones- se nos hizo difícil mantener nuestra conciencia sobre el paso del tiempo. Al principio, tuvimos que bajar la velocidad. Tuvimos que practicar encontrar la suficiente calma en nuestro interior para lograr un estado en el que pudiésemos experimentar cenestésicamente la danza como la corporalización del paso del tiempo.

En este punto, el taller dio un giro y nuestra atención se centró en cómo permanecer en ese lugar de calma interior mientras bailábamos en una variedad de dinámicas diferentes.

El arte de esperar

> *Dije a mi alma: Quédate inmóvil y espera sin esperanza*
> *Porque la esperanza sería esperanza en lo que no debe*
>   *esperarse;*
> *Aguarda sin amor*
> *Porque el amor sería amor de lo que no se debe amar.*
> *Sin embargo queda la fe;*
> *Pero la fe, el amor y la esperanza se encuentran en la*
>   *espera.*
> *Espera sin el pensamiento ya que no estás preparada*
>   *para él.*
> *Así las tinieblas serán la luz y la inmovilidad será la*
>   *danza.*
>
> - TS Eliot
> (Traducción por José Emilio Pacheco)

Trabajar con el tiempo nos llevó a un camino inesperado en el acto de esperar. He experimentado que las personas que pintan su danza con una paleta de colores más amplia llevan consigo un hilo de calma en el origen de su movimiento, una quietud. Existe la sensación de que en medio de la velocidad y la acción, en el centro de ese huracán de actividad, está el ojo, en calma. Me da la sensación de que hay un lugar en estos bailarines que se mantiene en el acto de esperar.

La definición del diccionario de "*waiting*" dice, en una parte: "*Estar disponible o en preparación, esperar con ansias, quedarse o descansar a la espera, asistir o acompañar, especialmente como un signo de respeto, sobrevolar el terreno al acecho de la presa. Etimología: alto alemán antiguo* wachton: *estar completamente despierto*[1]".

Para mí esperar está relacionado con estar "despierto" y "listo". La idea de "sobrevolar el terreno al acecho de la presa" también es una imagen que me gusta. El acto de esperar es el acto de volar, siempre listo, con los ojos bien abiertos.

He buscado ese hilo de quietud en mi interior durante mucho tiempo. Lo que se siente ahora hace una eternidad, a mis veintitantos años viví por años en centros Zen y dediqué tiempo a visitar monasterios en el lejano Oriente. Esto incluía una práctica diaria de meditación y retiros mensuales. Allí me di cuenta de que a mi mente le encanta moverse y no le agrada la idea de sentarse en quietud.

Cuando descubrí el Contact Improvisación, me sentí como si hubiese entrado en una casa y conociera la ubicación de cada mueble; me sentí como en casa. Renuncié como director del Empty Gate Zen Center en Berkeley, renuncié a mis túnicas y cuencos y me comprometí con una vida de danza. Era más fácil para mi cuerpo permanecer en silencio mientras estaba en movimiento que hacerlo al mismo tiempo que trataba de mantenerse inmóvil con el trasero apoyado en un cojín.

Cuando salí del centro Zen, quise continuar una práctica regular. Sabía que el movimiento era más fácil para mí, así que decidí hacer yoga. Sin embargo, resultó que tenía una resistencia a la rutina completa y nunca pude ser constante. Después de una década de dejar y retomar la práctica, me pregunté a mí mismo, ¿por qué me estoy castigando por esto? ¿Cómo puedo encontrar el camino más orgánico para mí? Jugué con diferentes formatos hasta que descubrí que podía hacer seis minutos de yoga todas las mañanas.

Seis minutos. Funciona. Lo hago con alegría. Se siente como que pudiera seguir y al día siguiente estoy feliz de volver a la práctica. A lo largo de las décadas, esos seis minutos se han ido duplicando. Para cuando tenga 80 años, espero tener una feliz práctica de dos horas diarias.

A partir de esta investigación sobre qué funciona para hacer que una mente intranquila como la mía encuentre quietud, he encontrado otros métodos como la meditación con los dedos que describí antes. La mayoría de estas simples meditaciones te hacen volver al cuerpo y a los sentidos:

- escuchar el sonido más lejano / escuchar el sonido a la par de tus los oídos
- respirar por la boca y la nariz simultáneamente
- una auto-caricia lenta y suave
- la "pequeña danza" estando de pie
- tomar conciencia de la transición entre la exhalación y la inhalación y la transición entre la inhalación y la exhalación

Otro de mis favoritos lo aprendí del profesor de meditación Vipassana, Jack Kornfield, la meditación de la uva pasa. Toma una uva pasa y guárdala en tu mano. Siente su peso. Con un dedo, siente la textura y la densidad de la piel y la pulpa. Colócala en tu nariz y toma conciencia de la topografía de su aroma. Observa en los valles y los picos, los puntos culminantes y las grietas oscuras. Luego, colócala en tu boca, cierra los ojos y tómate unos minutos para obtener la experiencia completa de comer una sola uva pasa. Observa la trayectoria del sabor desde que explota, la inundación de saliva y la forma en que la química del cuerpo cambia el sabor. Observa el sabor remanente y sus ecos.

Hacer este ejercicio de concienciación como un calentamiento en la clase abre el cuerpo y las habilidades para el C.I. A medida que los sentidos se despiertan y se abren, las articulaciones se lubrican, creando una voluntad de permanecer comprometidos con la sensación mientras iniciamos el movimiento.

Comenzamos la segunda tarde del taller con el ejercicio de las uvas pasas. Continuar la conciencia hasta el sabor remanente es importante por lo que nos enseña acerca de la espera. Cuando bailo con alguien que tiene la habilidad brillante de esperar, puedo observar que mientras se mueve tiende a transmitir el lugar donde ha estado antes. Todavía está saboreando o escuchando el eco de lo que fue. Siendo su pareja en la danza, tengo la oportunidad de relacionarme con una gama de posibilidades: a dónde el movimiento parece ir, dónde está ahora o dónde estaba antes.

Para dibujar una imagen de esto: imagina que estás bailando con una persona y ambos están de pie y en contacto físico. Tu pareja comienza a plegarse en dirección hacia el piso, contrayendo suavemente los tobillos, las rodillas y la pelvis. Al mismo tiempo que va descendiendo, deja una mano al nivel de tu pecho. En este punto, podría continuar hacia el piso o hacer una espiral de regreso a la posición inicial guiándose por la mano que quedó atrás. Siendo su pareja, tienes la opción de relacionarte con el piso como destino final, con el movimiento de caída como tal, o con la mano que se mantiene en el aire a la altura de tu pecho.

Al dejar algo atrás, su movimiento incrementa tanto sus elecciones como las tuyas. Cada momento nos permite relajarnos en la variedad de opciones que ofrece. Y en esa exuberancia de opciones, en esa generosidad de posibilidades, la cúspide del presente se hace más amplia. El momento se vuelve más presente por todo lo que está ofreciendo.

Cuando aparecen innumerables posibilidades en cada momento, las oportunidades de autocrítica disminuyen. Es menos probable que pienses "Ah, me la perdí", porque hay mucho más que solamente "una opción" para elegir. El camino que tomas termina siendo lo que tú estás contribuyendo a la danza, y estás menos atrapado en las ideas de lo correcto y lo incorrecto.

Durante años me he preguntado cómo yo, cómo cualquiera, puede aumentar su capacidad de permanecer en esta calma interior. Lo que he encontrado es cada vez más la necesidad de soltar el control voluntario, dejar caer las riendas, dejar que el cuerpo y el cerebro animal se escuchen más fuerte. Hay un dictador interno que exige una resolución, una resolución que es fija e inmutable. Él quiere una sola imagen del río en lugar de dejar fluir el río. (Mi dictador interno también quiere que las clases que enseño sean entretenidas). ¿Cómo aumentamos nuestra capacidad de vivir en lo no resuelto?

James Hillman habla sobre este estado cuando escribe:

> *Pero cosechar estas recompensas requiere aprender a aceptar un yo que sigue siendo ambiguo, sin importar cuán estrechamente se le escudriñe. Fluido, activo, lleno de contradicciones irresolubles, la naturaleza del yo es permanecer más allá de la demanda deliberada del ego de un sistema lógicamente coherente.*

Es como pedir un aventón al borde de la carretera. No sabes si vas a conseguirlo en el próximo minuto o en los próximos tres días. Te deja a la deriva de tu destino, en parte elección y en parte entrega.

En el segundo fin de semana del taller, bailamos con la idea de dejar algo atrás trabajando con la idea de continuar el movimiento hasta el final, permitiendo que cada movimiento, cada momento de la danza alimentara al siguiente. Intentamos calmar nuestra voluntad consciente e inconsciente al permitir que cada instante llegara hasta el final en lugar de arrojar nuevos impulsos.

También realizamos ejercicios para desarrollar nuestra capacidad de mantenernos desorientados mientras seguíamos el movimiento hasta el final en lugar de buscar centrarnos, incluso cuando estábamos desequilibrados, arriba o en un momento de euforia. Especialmente en estos momentos, tratábamos de dejar algo atrás, permanecer con una calma interior, continuar con la sensación de estar al acecho sobrevolando el terreno, esperando.

Durante estos dos fines de semana, ¿el tiempo avanzó más despacio? ¿Haber estado concentrados hizo que nuestro día fuese más largo? La calidad esférica de nuestro tiempo hizo que las coyunturas actuales parecieran más amplias, como si hubiera más opciones, más experiencia acumulada en cada momento. Pero al final de cada día, todos estábamos sorprendidos de lo rápido que se nos había ido el tiempo.

---

1. Nota de la traductora: La palabra "esperar" proviene del latín *"sperare"* que significa tener esperanza. Las definiciones del diccionario son muy similares a las que aparecen para la palabra *"waiting"*.

2

LA TIERRA TE RESPIRA

POR QUÉ PRACTICAMOS CENTRARNOS Y CONECTARNOS CON LA TIERRA

Imagínate contemplando un edificio de 30 pisos que está en construcción. La estructura se eleva 90 metros sobre ti y no es más que vigas y travesaños de acero. Subes el elevador de carga hasta el piso superior y las puertas se abren. Una viga de acero de tres metros de largo y una suave brisa se interponen entre tú y tu destino. Miras abajo a través de los 90 metros de espacio abierto hasta el suelo. Las personas se ven como hormigas desde acá.

¿Qué haces para prepararte para caminar sobre esa viga? ¿Qué haces física y emocionalmente para dar el primer paso? ¿Cómo puedes encontrar una conexión con la tierra estando tan alto?

Esta preparación es lo que llamamos centrarse y conectarse con la tierra. Se trata de volver a tu interior y a tu relación con la influencia constante de la gravedad. Estas habilidades son un paso esencial para desarrollar nuestra capacidad de respuesta como bailarines. Hasta que no sentimos esa firmeza en nuestros pies, es difícil sentirnos seguros en el inmenso mundo de estar en desequilibrio y la imprevisibilidad de compartir el centro con otros.

Muchas disciplinas te entrenan para ese momento. Algunas prácticas imaginan el centro del cuerpo a unos cinco o siete centímetros debajo del ombligo, en el abdomen. Si diseccionas un cuerpo, no encontrarás una glándula o un hueso o un zafiro estrella que señale ese punto exacto. Sin embargo, en relación con el suelo, toda la faja pélvica puede convertirse en esa fuente de energía y conexión que funciona como soporte de nuestro movimiento.

Un centro fuerte permanece conectado a la tierra. Es estable, enraizado, puede asumir una posición de responsabilidad, afrontar la vida directamente, ser firme en su base. Está satisfecho sin la necesidad de salir y encontrar su justificación. Puede vestir túnicas y joyas y la corona de la realeza, puede decir: "¡Aquí estoy!".

Aprender a centrarse y conectarse con la tierra resulta de la práctica de volver constantemente al eje. Es necesario regresar a ese lugar en diversas circunstancias para familiarizarse con él. En la clase de danza, comenzamos con situaciones controladas y después trabajamos en condiciones más descontroladas y caóticas.

Para esta práctica, las imágenes son una herramienta muy efectiva. Podemos imaginar que tenemos una raíz que une nuestra cintura pélvica al suelo y que la conecta al centro de la Tierra que gira, o que una fuente de agua de manantial fluye a través de nuestro centro. Podríamos percibirnos como una montaña de granito con riscos y salientes, o podríamos ponernos de pie y sentir que la tierra nos respira. También es útil si a medida que percibimos la atracción de la gravedad en nuestros cuerpos, imaginamos que existe una fuerza que al mismo tiempo que nos jala desde abajo nos empuja desde arriba. Esto nos coloca cenestésicamente en el centro, dándonos una sensación de soporte y anclaje como resultado de estar en medio de dos fuerzas en lugar de solo una.

Una estructura común que usan los maestros de *Contact* Improvisación es el ejercicio de pluma/roca. La mitad de la clase elige imaginar que son una pluma o una roca. La otra mitad camina e intenta levantar a estas personas. La imagen de la roca lleva a la persona a soltar su centro y alejarlo de su compañero, lo que la torna más pesada. La imagen de la pluma lleva a la persona a levantar su centro y acercarlo al centro de su compañero, lo que la vuelve más ligera. Cada uno nos enseña algo acerca del otro y ambos evidencian el poder de las imágenes.

Después de trabajar con imágenes y ejercicios para centrarnos y conectarnos con la tierra, me gusta poner a prueba nuestras habilidades en situaciones cada vez más desafiantes. Uno de mis ejercicios favoritos, no solo por lo que nos enseña sobre la fuerza que proviene de nuestros centros sino también por la energía que genera en clase, es el ejercicio de Dos contra Uno.

Dos personas se paran una al lado de la otra y se cruzan de brazos firmemente contra sus costillas. Una tercera persona, también con los brazos cruzados, empuja contra la parte de adelante del dúo. El trabajo del dúo es empujar lentamente a la persona que está sola hacia atrás de tal forma que pueda sentir el límite de su fuerza. El trabajo de la persona que está sola es intentar empujar a las dos personas en dirección opuesta. La lección es sobre conectarse con el centro a la tierra y empujar con toda la fuerza que uno pueda reunir. Se alientan los gruñidos y los gritos. (Es curioso que en inglés, la palabra "grunt" (gruñido) proviene de la misma raíz que las palabras "ground" (tierra) y "groin" (ingle)).

Una vez que se ha intentado esto, muestro cómo la imaginación afecta nuestras habilidades. Agrego a una cuarta persona que se para detrás del dúo y sostiene una muñeca envuelta en una toalla. Le digo al que empuja solo que esta cuarta persona está robando a su bebé. Y no solo eso, sino que tiene un brasero encendido detrás de él. Es sorprendente ver lo que estas imágenes provocan en la habilidad de la persona para encontrar la fuerza. A veces he visto al dúo terminar aplastado contra la pared.

En otro ejercicio llamado "Empujar y Soltar", una persona se para con los pies separados a la distancia de sus hombros y se imagina echando raíces. La segunda persona, la asistente, sitúa su mano en una parte del cuerpo del que está parado y comienza a empujar. El receptor trata de devolver ese impulso igualando la cantidad de fuerza de tal forma que le permita quedarse centrado. El asistente trabaja con el torso, las extremidades y la cabeza mientras el receptor intenta rastrear el camino que viaja desde el suelo a través de su cuerpo hasta la mano que empuja.

Entonces las reglas cambian. Quien empuja, sin previo aviso, retira su mano. El receptor, para no caer en el agujero creado por la repentina ausencia del empuje, necesita revertir el camino hacia el suelo pasando por el cuerpo.

Normalmente, cuando perdemos el equilibrio, levantamos los brazos en el aire y nos elevamos para recuperar nuestro centro. Este ejercicio nos enseña a regresar por el camino que nos conecta con la tierra. Nos enseña que el camino que surgió para encontrar una fuerza externa puede, una vez que lo hagamos consciente, ser el mismo camino que nos lleva de vuelta a nuestro centro.

Para continuar esta práctica, a veces llevo la clase a las vías del tren y los hago caminar por los rieles. Esta es una de las meditaciones más básicas, hecha por muchos de nosotros como adolescentes, donde aprendemos a soltar nuestro centro y a entrar en nosotros mismos.

· · ·

Una danza policéntrica

¿Por qué aprendemos a centrarnos y a conectarnos con la tierra? Para improvisar. Para tener la base para tomar riesgos, para entrar (centrarnos) en lo desconocido, para desarrollar nuestra capacidad para lo no resuelto y de esa manera podamos descubrir e improvisar en el presente de una forma espontánea, extemporánea y creativa.

Una de las disyuntivas cuando se trata de enseñar a estar centrados y conectados con la tierra es que puede hacer que la gente se vuelva rígida cuando baila. Es por eso que doy la advertencia de que este es solo el primer peldaño para generar la confianza necesaria en nosotros mismos para estar en situaciones más dinámicas. Queremos desarrollar una relación con la gravedad que nos ayude en todo momento, incluso cuando estamos en desequilibrio o volando. Y queremos que esa conexión se mantenga viva y sensible cuando comencemos a trabajar con otra persona y compartamos una relación mutua no exclusiva con la tierra sobre la que bailamos.

Cuando la gente aprende *Contact* Improvisación me deleito de ver cómo su manera de bailar evoluciona de "centrada" a "policéntrica". Comienzo a ver sus extremidades y el torso y la cabeza moviéndose de forma autónoma. Se inclinan fuera de centro sin saber cómo se resolverá ese movimiento. Entran en espirales que se extienden más allá del cuerpo. Diferentes partes del cuerpo caen *y* se elevan simultáneamente. Han comenzado a ser valientes en su manera de improvisar.

Esta es la transición en la que comienzan a asumir la conexión con la tierra con más ligereza. Donde se vuelven lo suficientemente fuertes en sí mismos para saber cuándo mantenerse firmes, cuándo doblarse y cuándo volar por los aires como una planta rodadora en el desierto. Comienzan a sentir esa conexión con la tierra no solo en sí mismos, sino en el miedo, en la excitación, en la imaginación, en la paradoja.

A lo largo de los años, cuando he facilitado talleres que desarrollan un solo tema, con frecuencia me sorprendo de los desvíos y los viajes secundarios en los que nos embarcamos. Empiezo un taller sobre la transferencia de peso, por ejemplo, y descubro que en realidad estoy entrando en los mundos del *momentum*, la entropía y la fuerza centrífuga; sin mencionar los submundos de arcos, ápices, curvas y contracurvas. Y yo que pensaba que solo íbamos a trabajar en la habilidad de trasladar el peso a través de los huesos.

Es la misma historia cuando he desarrollado el tema de la búsqueda del centro y la conexión con la tierra. La acción de moverse hacia el centro, de encontrar una relación con la tierra, a menudo conduce a sus opuestos: estar fuera del centro y en estados de desorientación.

Cuando somos principiantes en *Contact* Improvisación tendemos a bailar con los pies plantados en una base ancha con la intención de anticiparnos para recibir la masa de cualquier persona. Una base ancha crea una estabilidad que puede soportar el peso. Pero he notado que a medida que una persona madura en su baile, su base se hace más estrecha. Cuando nos paramos con los pies más cerca, podemos responder más rápidamente a las invitaciones que surgen de la danza, incluyendo movernos a una base amplia si es necesario. Los pies se vuelven como un cardumen, capaces de moverse hacia cualquier dirección en el piso. El bailarín se vuelve ligero en su paso, nómada, adaptable, listo para volar tan pronto como aterriza.

Para organizarnos con el peso de otra persona, comenzamos con la idea de que tenemos que apuntalarnos. Es crucial saber que tenemos esta habilidad. Luego, a medida que una persona desarrolla sus habilidades en la danza, aprende que la masa de un compañero se levanta más fácil cuando está en movimiento. Si tomamos una posición rígida, nos negamos a nosotros mismos la ayuda que nos ofrece el peso que estamos recibiendo. Si movemos el peso hacia nuestro centro y nos movemos con él, tenemos mucho más control y usamos menos esfuerzo en el camino.

Si levantas una silla de la cocina y la sostienes con tu brazo extendido, se sentirá más pesada que si la abrazas cerca de tu abdomen. Si alguien te arroja una silla, es más fácil atraparla si continúas la trayectoria que lleva que si pones tu brazos en frente tuyo y la detienes en seco. Para unirse a la trayectoria de la silla, ayuda si ya estás en un estado de disponibilidad y tu cuerpo está listo para moverse. Estamos más cerca de este estado si mantenemos una base más cerrada. Somos más capaces de manejar grandes masas de peso en movimiento desde un lugar fluido y con múltiples centros que desde un lugar "conectado con la tierra".

Para darles a los estudiantes una experiencia física de la idea de centros múltiples, llevo el ejercicio de "Empujar y Soltar" un paso más lejos. Entonces, cuando la mano que ha estado empujando desaparece repentinamente, en lugar de revertir el camino hacia el suelo, dejamos que ese centro caiga en el agujero que se abre por la ausencia de la mano. Mientras tanto, otro centro asume ese lugar en relación con la tierra y nos hace recuperar el equilibrio. Si alguien empuja la parte de adelante de tu hombro y luego la mano desaparece repentinamente, ese hombro puede seguir hacia el agujero creado. Al mismo tiempo, tu otro hombro o tu cadera busca ir hacia atrás para compensar el movimiento. En este ejercicio el cuerpo se llena de espirales y podemos actuar y reaccionar desde muchos centros a través de estas espirales o dentro de ellas.

Para ayudar a esta danza policéntrica, me tomé la libertad de embellecer la imagen de la gravedad que empuja desde arriba y jala desde abajo y me imagino, entonces, que la gravedad viene de todas partes. Es una esfera de fuerza. Es lo que mantiene mi piel en su lugar. Ahora puedo relacionarme en todas las direcciones y no solamente desde mi verticalidad. Una sensación de gravedad esférica brinda el apoyo que me ayuda a mantenerme organizado cuando pierdo el equilibrio.

Cuando mi compañero de baile y yo nos movemos por el salón y noto que está en una trayectoria que me invita a volar, tomo esa invitación y de repente estoy volando con la cabeza debajo de la pelvis y mis glándulas suprarrenales funcionando a toda máquina. En ese momento es cuando necesito recordar que cuando llegue al ápice, puede ser que él no esté allí para atraparme. En estos momentos, me imagino que el espacio me sostiene. Al hacer que el espacio sea tangible, el arco del tiempo se ralentiza. Ese tiempo extra me permite relacionar diferentes centros con la tierra, hacer contacto con el movimiento de mi compañero, elegir entre las posibilidades de rodar, desprenderme, voltearme o cualquier otra cosa que se presente en el momento. Este sentido esférico de la gravedad y el espacio es una imagen pequeña que marca una gran diferencia.

Centrarse y conectarse con la tierra simultáneamente en más de un centro requiere la valentía de vivir en la tensión creada por una paradoja. Es la sensación de que el baile es oblicuo. Es estar en una habitación impecable y no enderezar el cuadro torcido. Cuando tenemos muchos puntos de vista de lo que hacemos, se abren también muchos caminos.

Ahora estamos encontrando nuestro centro no solo en lo físico, sino también en la relación con nuestro compañero, en el cuerpo emocional y en la imaginación. Y estas no siempre concuerdan.

El policentrismo no se trata de hacer las cosas más complicadas. Tampoco se trata de forzar a que las cosas sean simples.

Es a través de la conexión con la tierra que la tensión de mantener centros múltiples se vuelve tolerable. Renunciamos a una relación exclusiva con la tierra, con nuestro compañero, con nuestra propia imagen. La relación o falta de relación de cada centro permite una asociación entre los diferentes puntos focales que a veces compiten entre sí.

En este estado de multiplicidad, la improvisación pasa de ser puramente física al dominio fluido y exquisito de las relaciones.

Una vez más, las imágenes son útiles. Imagina que hay muchas personas pequeñas que viven en tu pecho. Algunos son expertos en salir y ser el centro de atención. Algunos son excelentes para bailar sobre las mesas y cantar en público. Hay otros que viven en tu pecho que no tienen piernas. Algunos tienen rostros torcidos y desfigurados. Algunos preferirían morir antes que ser vistos.

Hay toda una colección de animales viviendo y respirando allí.

La idea de estar centrados y conectados con la tierra puede ser una agresión para estas personitas: esas voces con frecuencia ignoradas en nuestras vidas. En el interior somos muchos; el que propone, el que sigue, el que llora, el que siempre es fuerte ... Estos pequeños no siempre están de acuerdo y cuando se suman, no somos lo suficientemente grandes como para contenerlos a todos. Permitir a los pequeños ocupar el espacio que les corresponde requiere que ampliemos nuestra percepción de nosotros mismos. Somos un panteón de posibilidades, pero cuando nos conectamos desde un solo centro limitamos la inteligencia y las expresiones de estos pequeños habitantes en nuestro pecho, a lo que se refiere D.H. Lawrence cuando dice:

> ¡Ah!, cuando el hombre logra escapar de la maraña de
>   alambre de púas
> de sus propias ideas y sus propias respuestas
>   mecánicas,
> hay un maravilloso mundo pleno de contacto y de pura
>   belleza fluida
> y conciencia audaz de frente a la vida, ahora, desnuda.
> Y yo, y tú, y otros hombres y mujeres.
> Y las uvas, y demonios, y los fantasmas y la luz verdosa
>   de la luna
> y extremidades rubicundas revolviendo el limbo
> del aire desconocido, y una mirada tan suave,
> más suave que el espacio entre las estrellas,
> y todas las cosas, y nada, y ser y no ser
> en una palpitante alternancia.

Cuando nos encontramos con otros que tienen personitas en su pecho y estas encuentran la manera de entrar y conocer a las nuestras, y cuando a su vez podemos visitar a las personas escondidas en el pecho de ells, es cuando hemos hecho contacto, es cuando la química sucede.

Al permitirnos tener muchos centros, muchas voces, muchos colores, nos encontramos en una improvisación exquisitamente compleja y de múltiples capas. Es aquí donde nos encontramos con la profundidad y la extensión de nuestra esencia. Y si bien centrarnos y conectar con la tierra son habilidades útiles para construir la confianza en nosotros mismos, es cierto que pueden alimentar nuestro empecinamiento. Ese empecinamiento, sea consciente o inconsciente, es el resultado de una colonización que impide que los pequeños nutran la improvisación. Los improvisadores experimentados bailan con sus personitas. Al soltar las riendas, al entrar al baile con una voluntad policéntrica, se abren mundos y conexiones que jamás podríamos haber previsto o imaginado.

Gracias a Malcolm Manning por darme la imagen: la tierra te respira.

3

101 MANERAS DE DECIR NO AL CONTACT IMPROVISACIÓN
LÍMITES Y CONFIANZA

... es importante que la gente despierta esté despierta,
o una línea muy delgada puede disuadirlos para que se
vuelvan a dormir;
las señales que damos -si o no, o tal vez-
deberían ser claras: la oscuridad que nos rodea es
profunda.

– William Stafford

El Contact Improvisación es una danza que invita a todo nuestro cuerpo y a todo nuestro ser a estar disponibles y en el presente. Para practicar esta danza, tenemos que ser capaces de confiar en nosotros mismos y en nuestros compañeros. Fortalecemos o debilitamos esa confianza según tengamos o no la capacidad de establecer límites y respetarlos.

Para mí, este es un proceso que continúa aún después de cuarenta años de estar bailando. A lo largo del camino, en diferentes momentos he lidiado con muchas preguntas: ¿Cómo le haces saber a los demás que no has calentado y no estás listo para bailar, o que quieres terminar una danza? ¿Cómo estableces límites cuando tienes una limitación física o estás lesionado, o estás bailando con alguien insensible? ¿Qué haces cuando tu amante está bailando sensualmente con otra persona y te sientes vulnerable? ¿Cómo intercedes cuando un grupo de músicos se miran unos a otros y están pasándola fabuloso pero se han olvidado por completo de los bailarines para quienes están tocando? ¿Cómo le comunicas a un dueto que su potente catarsis emocional es demasiado e interfiere con las otras danzas en el salón? ¿Cómo negociar y comunicar estos límites?

Un estudiante se presentó en uno de mis talleres con un sarpullido en el cuerpo. Cuando dije —*Encuentren una pareja*, los demás huyeron de donde él estaba y terminé trabajando con él. Me incomodaba que el sarpullido fuese contagioso, así que le pregunté directamente, — *¿Es esto contagioso?*— Respondió que tenía una reacción alérgica conocida como mastocistosis la cual libera cantidades masivas de histaminas y provoca la decoloración en la piel. Habló sobre su batalla interminable con su enfermedad y aclaró que definitivamente no era transmisible. Me sentí aliviado y, tal y como lo esperaba, el resto de los participantes escuchó disimuladamente y después de eso no tuvo ninguna dificultad para encontrar pareja.

Una amiga y compañera de baile asistió al Festival de *Contact* en Filadelfia donde yo estaba presentando e impartiendo clases. Estábamos ansiosos por bailar juntos y en el jam de cierre finalmente tuvimos nuestra oportunidad. Mientras bailábamos, muchas personas se nos acercaron con la intención de unírsenos. Un par de veces pudimos comunicarles físicamente que aún no habíamos terminado. Cuando una persona se acercó para bailar con nosotros, dije —*Hicimos una cita para bailar desde hace seis semanas y todavía no hemos terminado.* Luego me comuniqué con esa persona y supe que había expresado mi "no" de manera clara y elegante.

. . .

He encontrado situaciones en las que la comunidad se une para ayudar a las personas a establecer límites. A mediados de los 80's, muchas mujeres que asistían al jam semanal de Contact en Berkeley, California, se quejaban de un hombre en particular que asistía con regularidad. Lo llamaré Roland. Comentaban que bailar con él era incómodo porque no era consciente de los límites. Las mujeres no podían describir con exactitud cuál era la actitud que les desagradaba, solo lo describían como una "sensación".

Una de ellas dijo, —*Bailar con Roland es como bailar con un cachorro bastante entusiasmado, del tipo que quiere follarse tus pantorrillas.* La sensación general era que estaba tratando de aprovecharse de la danza y que estaba arrebatando algo que ninguna de sus parejas de baile le había ofrecido.

No era difícil darse cuenta de que casi todas las veces que una muchacha ingresaba al salón por primera vez, dondequiera que estuviese, Roland asomaba su cabeza y en cuestión de segundos estaba a su lado ofreciéndole develarle los puntos más sutiles del Contact Improvisación. La mayoría de ellas no regresaba.

A pesar de que muchas mujeres se quejaban de Roland, resultó que ninguna le había dicho algo directamente a él. Era sumamente difícil para ellas encontrarse con una sensación agobiante de este hombre sin poder identificar la conducta específica que les molestaba. Recuerdo a una de ellas decir, —*Hablar con él sería como quejarse del clima, no serviría de nada.*

Roland asistía con regularidad al Northern California Contact Jam, un encuentro de cinco días con alojamiento en las aguas termales de Harbin. Allí aprendí una lección de una de las organizadoras, Sue Stuart, sobre la comunicación de límites Estaba presente cuando una noche dos mujeres se sentaron con Sue y se quejaron de Roland. Querían que hiciera algo al respecto.

Sue preguntó, —¿*Alguien le ha mencionado algo directamente a Roland?* Cuando escuchó que no lo habían hecho, preguntó, —*¿Qué les gustaría decirle?* Ambas articularon lo que le dirían. Una dijo, —*Pienso que estás buscando placer sexual mientras bailas conmigo, y no quiero bailar contigo o que te me acerques hasta que controles tus deseos sexuales.* Después de decirlo en voz alta, fue capaz de apartar a Roland y hablar con él. La otra no quiso confrontarlo directamente hasta que Sue ofreció acompañarla y quedarse con ella.

Me impresionó que Sue les respondió dándoles las herramientas para hacerse cargo de la situación por sí mismas en lugar de darle el poder a ella, la persona en la posición de autoridad. Roland se disculpó y aseguró que cambiaría su actitud.

Unos meses después de eso, era evidente que Roland había cambiado su forma de bailar con las mujeres que asistían a los *jams* con regularidad. Sin embargo, su radar todavía se encendía cuando veía a mujeres que llegaban a los *jams* semanales por primera vez. Las mujeres experimentadas de la comunidad empezaron a asumir responsabilidad de interceptar a las recién llegadas antes que Roland pudiese bailar con ellas.

Algunos hombres, incluyéndome, apartamos a Roland y con un poco de sentido de humor le dijimos lo que percibíamos. Le dijimos que su actitud estaba perjudicando a la comunidad y que debía dejar de hacerlo o dejar de venir a los *jams*. A pesar que le hablamos con cierta liviandad, entendió la gravedad del asunto por el hecho que éramos varios haciéndole la misma observación y hablando sobre las mismas consecuencias. La actitud de

Roland cambió y ahora, tres décadas más tarde, sigue bailando con regularidad en una comunidad acogedora.

En este caso, funcionó bien tanto para Roland como para la comunidad. Sin embargo, he escuchado de situaciones similares tanto con hombres como con mujeres que no resultaron tan exitosas, y al final se les pidió a las personas involucradas que no regresaran.

También están los maestros de Contact que se aprovechan. Una amiga invitó a uno de estos maestros reconocidos para que diera un taller en la comunidad de Boulder. Le pregunté, — *¿Estás consciente del historial de esta persona?* Ella respondió, —*Le dijimos que estamos al tanto de su comportamiento y le impusimos la condición que no debía sobrepasarse con ningún estudiante durante el taller o cortejarlos después. Él aceptó estas condiciones.* — Fue audaz de su parte, y necesario, ser tan clara en ese aspecto.

La sexualidad es compleja y será un tema perenne en nuestra comunidad de danza. No es inusual que haya una discusión acerca de la transgresión de estos límites en un jam local. Algunos *jams* contemplan documentos con las reglas del jam y formularios de exención de responsabilidad como resultado de estas discusiones.

Lo más recomendable es tener el coraje y la sabiduría para abordar estas situaciones antes de que escalen. La actitud de las mujeres experimentadas que asumen la responsabilidad de estar pendientes de las mujeres que recién llegan a la comunidad para bailar con ellas, así como la actitud de los hombres experimentados de vigilar la conducta de otros hombres son de gran ayuda. Neige Christenson y Max Gautier de la comunidad de Boston bromean con que a veces tienen que ponerse en el modo "chaperones". Earthdance ha hecho esfuerzos por generar una red de personas "mediadoras" que esté a la disposición de los contacteres. Ellas son ya sea del personal del Earthdance o de los mismos participantes, que son terapeutas o que personas accesibles y de confianza, a quienes los participantes pueden dirigirse para hablar sobre cualquier tema que surja, desde la transgresión de límites hasta sentirse solos.

A partir de mi investigación continua sobre qué es lo que se necesita para cultivar límites claros, desarrollé un taller que se llama "101 maneras de decir no al Contact Improvisación". Iniciamos el taller con la premisa que mientras una persona no tenga la confianza y la habilidad para negarse a algo, no tendrá la capacidad para decir que sí plenamente. En el taller, exploramos la habilidad física y verbal de decir que no a una danza, al contacto, a ser levantado, a la transferencia de peso, al *momentum*, a la manipulación.

Por ejemplo, si alguien se acerca y me sujeta con la intención de levantarme y yo no quiero que me levanten, puedo dejar caer mi peso y mover mi centro lejos del centro de mi pareja. Me vuelvo demasiado pesado para que me levanten. He dicho claramente que no. Una vez que haya experimentado esto, puedo extrapolar lo opuesto; si quiero decir que sí y aprovechar la oportunidad para volar, tengo la noción de cómo hacerme más liviano elevando mi centro y organizándolo por encima del centro de mi pareja.

Lo mismo es válido para el contacto. Necesito tener suficiente confianza en mí mismo y la capacidad para quitar la mano de otra persona (ya sea física o verbalmente) cuando no quiero que me toquen o que me manipulen. Confiando en mi habilidad para establecer ese límite, puedo escoger lo opuesto y abrirme al contacto.

Hay una imagen acerca de esto en el libro "*A Little Book on the Human Shadow*" (El libro de la sombra, en su versión en español) de Robert Bly. La imagen es que tenemos una puerta a nuestra psique. Cuando somos niños, la manilla de la puerta está en el lado de afuera y las personas pueden ir y venir como les plazca. Los adultos nos alimentan, nos limpian, nos llevan de un lado a otro. A medida que crecemos y nos volvemos adultos, aprendemos a transferir la manilla a la parte de adentro y entonces escogemos el momento y a las personas que pueden entrar. Si sabemos que podemos cerrar la puerta, tenemos la libertad de abrirla e invitar a quienes queramos.

Para algunas personas, cuando se inician en esta forma de danza, es un desafío sentir y conectarse con las sensaciones en su cuerpo. Esto puede ser el resultado de que hayan forzado su puerta cuando eran niños. Para las personas cuyos límites fueron transgredidos en su niñez es como si hubiesen creado un escudo o armadura protectora que les impidiera entrar en contacto con ellos mismos o con el resto del mundo. En esos casos, es importante que ellos desarrollen la habilidad para establecer límites, que sepan que la manilla está adentro. Una vez que sean capaces de expresar sus límites, pueden empezar despojarse de estas capas de protección y darle la bienvenida a otras posibilidades en sus danzas de Contact, y también, en sus vidas.

El principio básico en Contact Improvisación es que cada quien es responsable de sí mismo. Soy la única persona que puede saber que sucede en mi interior así que necesito mantener una parte de mí alerta –la parte que puede detectar y comunicar (física o verbalmente) mis necesidades, límites y deseos. Es necesario mantenerme a salvo primero para después ocuparme del resto del grupo. Atenerme a este principio es una forma de mover la manilla hacia el lado de adentro de la puerta.

. . .

A lo largo del taller 101 maneras de decir que no, trabajamos otra habilidad relacionada con sentirnos seguros. Esta tiene que ver con aprender a comunicarnos rápidamente en situaciones de mucha energía. Aprendemos a gritar palabras de una sola sílaba que exigen atención inmediata: "¡Alto!", "¡Atrás!" "¡Espera!" (Prefiero ya no emplear la palabra ¡No! porque es una palabra con muchos matices, y como cualquier persona con hijos sabe, una palabra propensa a ser puesta a prueba). También practicamos gritar palabras para especificar una parte del cuerpo que nos duela o nos esté a punto de doler: "¡Rodilla! "¡Tobillo!" "¡Cuello!" No es muy frecuente que usemos esta habilidad, pero saber que tenemos las palabras a la mano, calma la psique y nos permite adentrarnos en danzas más atléticas, acrobáticas y desorientadoras.

Mientras desarrollaba el material para el taller, busqué un ejercicio que demostrase de forma clara que la habilidad de una persona para decir no incrementaría su capacidad para decir sí. A partir de esta investigación surgió un ejercicio que llamo "Dos ríos".

No incorporo este ejercicio sino hasta que el grupo tiene algo de experiencia trabajando juntos. Una persona, el receptor, se acuesta boca arriba. Dos personas más, "los dos ríos", le dan al receptor caricias suaves y fluidas siguiendo las señales que el receptor hace con sus brazos. Cuando el receptor cruza sus brazos sobre su torso significa "No me toques". Cuando el receptor sitúa sus brazos sobre el suelo al lado de su cuerpo significa "Tócame con suavidad de la misma manera como lo harías si estuviésemos en un lugar público." Cuando sitúan sus brazos sobre el piso por encima de su cabeza quiere decir "Puedes tocarme donde sea y como sea, sin restricciones." El receptor puede cambiar la posición de sus brazos en cualquier momento.

El contacto puede tener un tono relajante, un tono estimulante, un tono sensual o un tono sexual, pero el receptor siempre está en control de lo que recibe. El receptor es quien abre y cierra las esclusas de los ríos. Para el receptor solamente hay una regla: en algún momento tiene que decir no al contacto.

A los dos ríos se les da la instrucción de que sin importar dónde estén los brazos del receptor, siempre deben tocar a su nivel de comodidad. Los dos ríos también se monitorean entre ellos. En el momento en que uno de los ríos no se dé cuenta que el receptor ha cruzado los brazos, el otro se lo hará saber.

Para los participantes queda claro que si este ejercicio no contemplara el rechazo total, "No, no me toques en ninguna parte", no sería posible decir que sí por completo al contacto en todas partes. Con el límite disponible y visible, las personas son capaces de pedir más de lo que lo harían si el mismo no estuviese establecido. En esta forma de danza hay implícito un grado alto de consentimiento, por lo que la práctica del consentimiento explícito permite que nos sintamos más cómodos con los acuerdos tácitos que hacemos en cada momento mientras bailamos.

Se sabe que Steve Paxton dijo, —*El Contact Improvisación no es un juego de glandes*, refiriéndose, de alguna manera, a que no es un baile sexual. Con frecuencia escucho a la gente decir, —*Me encanta esta forma de danza porque es una manera no sexual de tener contacto físico y ser afectuoso y cariñoso con otras personas.*

Yo no creo que eso sea así. Siempre me he percibido como un ser sexual. Cada respiro que doy es sexual. Siento arrebato cuando bailo con una mujer y una sensación de orgullo por ser hombre cuando bailo con hombres. No puedo amputar esa parte de mí.

Ciertamente no quiero que mi pareja sienta que me estoy "aprovechando" de alguna manera de la danza. A veces bailo con la idea que mi pareja y yo estamos en un cortejo de cien años. No estamos tratando de llegar a ningún lado. Sin necesidad de cerrar ninguna parte mía, puedo bailar con esa parte deliciosa de mí despierta. El contacto auténtico y espontáneo supone abandonar la idea de ganar o beneficiarse de ese encuentro. En este abandono una persona puede practicar esta forma de danza sin negar su sexualidad.

Cada vez que bailamos comprobamos lo que es consentido. ¿Aceptas mi peso? ¿Podemos ir más rápido? ¿Podemos ir lento, muy muy lento? A veces me encuentro con alguien con quien de manera consensuada traemos a la danza una energía erótica y seductora. Nos adentramos concéntricamente y corroboramos cada vez qué es lo que se siente bien para ambos. No hay riesgo porque estamos siendo guiados por nuestras nociones sobre el comportamiento permitido en los *jams*.

Cuando veo a nuestros hijos jugar con sus amigos en el patio trasero de nuestra casa, puedo observar que sus juegos improvisados son el ejercicio constante de establecer y poner a prueba los límites. Algunas veces cuando juegan, son paleontólogos famosos desenterrando al dinosaurio más grande jamás descubierto. Otras veces son constructores de imperios — corriendo de un lado al otro con sus espadas y escudos hechos de cartón, arrastrándose sobre sus panzas adentro de fuertes construidos debajo de los arbustos— estableciendo y rompiendo y negociando las reglas a medida que avanzan. Algunas veces basta con una indicación con el cuerpo o una palabra; a veces detienen el juego por completo hasta que aclaran las reglas. Están trabajando constantemente en mantener que la atención fluya y que el poder sea justo y que esté equilibrado. Luce bastante similar a lo hacemos nosotros en nuestra comunidad de danza.

A lo largo de los años, ha habido una negociación continúa de los límites en el *Northern California Contact Jam*. El grupo discute sobre qué tanta estructura es necesaria, la cantidad de catarsis emocional o de música que es deseable en un espacio de *jam*. Durante los primeros diez *jams* más o menos, en la medida que establecíamos nuestros acuerdos verbales y no verbales, hubo muchos momentos de posiciones encontradas. Con el tiempo, aprendimos que escucharnos unos a otros era lo que se necesitaba para encontrar un equilibrio entre los intereses que se oponían. Había poca necesidad de decisiones ejecutivas. Estar en el conflicto y escuchar a cada persona hablar permite que las soluciones evolucionen naturalmente.

Me di cuenta de que en los *jams* donde se expresaban las diferencias con más apertura también tenían la más sincera y conmovedora gratitud al final. Cuando estamos completamente involucrados en establecer y poner a prueba los límites, surge la sensación de estar aprendiendo, creando relaciones, siendo parte de un grupo vivo y esto nos deja con un profundo sentido de apreciación por los demás.

Ser parte de un grupo de bailarines y hacer este trabajo constante de aclarar los límites es como habitar un pulidor de rocas —esos recipientes que se llenan con piedras y se dejan girando durante días hasta que las piedras se pulen unas a otras. A medida que aprendemos a percibir y expresar nuestros límites, podemos tambalearnos y frotarnos y golpearnos unos con otros, tanto física como figurativamente. Puede doler a medida que nuestros bordes filosos se redondean, pero con el tiempo nos pulimos, revelando poco a poco las piedras preciosas que llevamos. A través de este proceso, empezamos a apreciar este organismo vivo que llamamos "comunidad" que nos ayuda a incrementar nuestra capacidad para decir que sí —en nuestra danza y en nuestra vida.

4

REFLEXIONES SOBRE SER UN ARTISTA VIAJERO DEL CONTACT

Berlín, Alemania
15 de julio de 1999

De nuevo en tránsito. Durante cinco de los últimos ocho meses he enseñado y presentado *Contact* Improvisación en doce ciudades, seis países, cuatro continentes. Estoy exhausto de estar fuera. En estos días, durante los momentos de tranquilidad, me he estado preguntando: ¿Qué estoy realmente haciendo mientras estoy de gira? ¿Cuál es el atractivo? ¿Qué me hace querer dejar de hacerlo? Después de décadas de estar compenetrado en esta forma de danza, ¿me veo haciendo esto por otros veinte años?

Estoy sentado en un escritorio improvisado en el K77 Project, una casa tomada al Este de Berlín. Después de la caída del muro de Berlín, una multitud migró del Oeste al Este para ocupar los edificios vacíos. La mayoría de esas personas fue desalojada de inmediato. Pero no las personas que se mudaron aquí.

La Constitución alemana protege fuertemente la libertad de expresión y las artes. Sabiendo esto, un grupo de ocupantes ilegales tomaron este edificio convirtiéndolo en un performance. En cada ventana del edificio de tres pisos, alguien vestido de médico o de enfermera sostenía una cuerda que conducía a una persona en la calle vestida como un corazón gigante. Al ritmo de los tambores este diverso grupo de médicos realizó un "trasplante de corazón", infundiendo nueva vida al edificio más antiguo del vecindario. Y debido a que el grupo estaba en el ejercicio de su derecho de expresión artística, no fueron arrestados ni desalojados. Estuvieron aquí haciendo teatro intermitentemente mientras negociaban con el gobierno. Durante los próximos tres años, la ocupación fue legalizada.

Si no hiciera giras, no sabría que este lugar existe o que esto sucedió alguna vez.

La clase que estoy enseñando se lleva a cabo en el edificio de atrás en un estudio de danza que es parte del colectivo. Estoy haciendo un taller de cinco días porque me invitó Stephanie Maher, una de las pocas bailarinas que conozco que se mudó a Europa desde los Estados Unidos.

En las cuatro noches que llevo aquí, hasta ahora me han mudado tres veces a un dormitorio diferente. Esta noche voy a dormir en un remolque en el patio trasero. Siento una sensación de desplazamiento ahora familiar.

Durante años, casi no salí de gira. Observaba a las personas que pasaban mucho tiempo viajando y veía el costo que pagaban sus relaciones por esto. Pero desde hace tres años que me mudé a San Miguel de Allende en México he salido más. Hay muchas idas y venidas en mi nuevo hogar y es fácil tener un estilo de vida más itinerante. Además, necesito el dinero.

Un día, hace unos años, encontré un artículo en el *USA Today* que clasificaba las diez mejores profesiones y las diez peores. El Departamento de Trabajo de los Estados Unidos (USDOL por sus siglas en inglés) eligió cinco criterios para juzgar las ocupaciones de las personas: el potencial de crecimiento profesional, el nivel de estrés, la probabilidad de lesiones, el potencial de ingresos y la posibilidad de ascenso. Seis de los diez mejores estaban en el campo de la informática. En la parte inferior de la lista, de hecho, en segundo lugar de las peores ocupaciones aparecía, ¿pueden adivinar? "bailarín". Ninguna de las otras artes apareció ni siquiera entre las últimas diez. De acuerdo con el USDOL, la única carrera peor que ser bailarín es ser leñador.

Cuando leí ese artículo, recién salía de un ensayo y no podía parar de reír. ¿Cómo pude haber elegido esta profesión? Ciertamente entendí por qué se presentaba entre los últimos diez, económicamente hablando; pero, ¿en qué lugar figuraría la danza si una de las medidas hubiese sido el criterio intangible de la satisfacción en el trabajo?

Me imagino que el criterio de "probabilidad de lesión" fue un factor importante para que el USDOL pusiera a la danza en esta posición. La mayoría de los contacteres profesionales que conozco no tienen seguro médico a menos que provengan de un país donde el gobierno lo proporciona de forma gratuita. Es un gasto que he decidido cubrir, y cuando me quebré el brazo hace años en un piso Marley terriblemente ondulado, me sentí aliviado de haber tomado esa decisión.

Oakland, California
30 de julio

Me siento cómodo aquí. Estoy cuidando la casa familiar de una amiga cercana. Sus dos gatos están en mi regazo; uno está dormido y el otro me observa con extrañeza. Estoy impartiendo un entrenamiento intensivo de tres semanas de C.I. en San Francisco con Ray Chung. Tenemos participantes de siete países. Hoy Ray nos hizo prestar atención a las formas habituales en que iniciamos el contacto físico en una danza. Luego nos hizo enseñar ese estilo particular a nuestra pareja. Después bailamos de nuevo, usando las formas de iniciar de nuestra pareja). Fue un buen ejercicio para desestructurar patrones.

Ambos gatos me miran ahora. El gato atigrado pone su pata en mi mano exigiendo la misma cantidad de atención. He estado pensando en las recompensas de viajar. Primero, puedo ver el mundo, no como turista, sino como alguien invitado personalmente a las culturas y subculturas de los lugares que visito. En general, un grupo de personas se reúne para un taller, me llevan en avión, me pasean, me alimento de la gastronomía local y me dan una cama. Tengo el privilegio de enseñar una forma que aprecio, y me valoran y me pagan por ello. He podido conocer gente maravillosa y generosa y continuar desarrollando mi relación con esta danza.

Por otro lado, después de un tiempo pierdo el sentido de ubicación. ¿En qué ciudad estoy ahora? ¿Qué cama? Y algunas de esas camas se hunden en el piso o tienen un colchón de paja enmohecida. A veces me he quedado con familias donde un divorcio inminente envenena la atmósfera o los niños reciben reprimendas con frecuencia. Luego está el cambio de dieta, el desfase de horario, los adaptadores de teléfono, el humo del cigarrillo, el agotamiento de demasiadas trasnochadas y los encuentros en los que la conexión no va más allá de las conversaciones banales. Y antes de que todo eso comience, está la preparación para ir de gira: empacar, encontrar a personas para que cuiden de mi gato, administrar la casa, pagar las cuentas... y luego tener que despedirme nuevamente.

Además están los detalles de la contratación, que pueden volver difíciles incluso las giras más emocionantes. Un par de veces los organizadores han tenido que cancelar a pocos días del taller porque no lograron inscribirse suficientes participantes o el financiamiento que esperaban. Luego tiene que suceder la dolorosa conversación sobre quién es el responsable del boleto de avión que tengo y el tiempo del que se habló. Ahora pido que me envíen el dinero para el pasaje por adelantado.

En una ciudad, después de terminar un taller con pocos participantes, me mudé a un hotel porque la casa que mi anfitrión había encontrado para mí estaba llena de cucarachas. Ese día, también habían perdido a su boa constrictor que residía en la habitación donde yo iba a dormir. Sentí un alivio cuando por fin estuve solo en el hotel y conecté mi computadora para ponerme al día con mi correo electrónico. Entonces ¡puf! —el módem de mi computadora desapareció en una nube de humo porque tenían un sistema de teléfono digital. Ese fue un día de gira terrible.

Boulder, Colorado

19 de agosto

Estoy sentado en el suelo en una cabaña encaramada en las laderas de las Montañas Rocosas. Por la noche, a veces puedo escuchar el rugido aterrador de un puma. Si continúo con mi vista hacia abajo atravesando el valle puedo ver las luces de Denver. Ayer finalizó un taller de tres días. Se suponía que debía ser durante cinco días, pero no se inscribieron suficientes personas. El taller se acortó como parte de una estrategia para atraer a más participantes. Hoy, inesperadamente, tengo tiempo para escribir.

Mientras observo estas reflexiones, veo que la mayoría de los problemas que tengo al ser un artista viajero de Contact se relaciona con el hecho de viajar y no con la enseñanza o la danza. Si la comunidad de danza fuera lo suficientemente grande en San Miguel, daría la mayor parte de clases en casa y viajaría solo en algunas ocasiones. El bajo costo de vida en México me permite vivir con el salario de un bailarín, pero aún tengo que salir al extranjero para obtener ese ingreso.

Incluso con las frustraciones de viajar, he disfrutado de las interacciones con las diferentes personas y de observar su forma de vida. Me gustan los diferentes estilos de gobierno y cultura, los efectos que continúan del colonialismo y el impacto más reciente de la expansión de la democracia. Y a través de todas mis interacciones con la gente, me sorprendió descubrir que las giras me dan una mayor esperanza para el futuro.

Y me siento honrado por la generosidad de las personas. Aunque de vez en cuando he tenido que pasar por situaciones incómodas, en general he tenido la suerte que me reciban personas que entienden el arquetipo de ser un anfitrión. Significa mucho llevar a alguien a tu casa. Después de dar clases todo el día, me doy cuenta de que necesito un cuarto donde pueda cerrar la puerta y aislarme. Necesito cierto grado de comodidad y necesito tiempo para estar solo. Ya no puedo dormir en el piso de la sala de estar con el perro que quiere ir a caminar a las cinco de la mañana. La mayoría de los anfitriones entienden esto. ¿Cuántas veces me han dado su cama y han dormido ellos en la sala de estar?

A menudo pienso en las personas que están en el otro lado de la ecuación: los organizadores. Gabriela Entin y Cristina Turdo, por ejemplo, que han traído a varios maestros de danza a Buenos Aires, me han hablado sobre las diferentes necesidades que tienen los diferentes maestros. Una tarde, mientras estábamos sentados en la cocina bebiendo mate, me dijeron que algunos maestros llegan necesitando saber que su situación de vida está resuelta y necesitan instalarse de inmediato. Algunos tienen que ver el estudio. Algunos están preocupados por que el dinero esté en orden, y algunos necesitan un gran reconocimiento. Les pregunté si yo había sido exigente. Ellas se rieron y dijeron: "Menos que algunos, más que otros".

Parque Nacional Acadia, Maine

28 de agosto

Este es mi tercer día de caminar en los senderos y nadar en los lagos de aguas transparentes con vista al Océano Atlántico. Aquí no estoy dando clases. Vine a estar con un buen amigo y pasar un tiempo en el desierto. Otra ventaja de las giras es la oportunidad de experimentar algunas de las maravillas naturales del mundo entre compromisos. Es en lugares como este que me recargo.

He estado reflexionando sobre qué aspectos de las giras son los más satisfactorios para mí. Me doy cuenta de lo mucho que me gusta ver a los estudiantes aumentar su capacidad de sensación y riesgo, de verlos bailar menos con su ideal y más con su pareja. Me da satisfacción ver a alguien que ha aprendido a volar sin tensar sus piernas. Y siento una profunda dicha al introducir *Contact* a aquellos que se dan cuenta que han encontrado la forma de danza que habían buscado durante toda su vida.

El año pasado di una clase magistral en una secundaria de artes escénicas en el Medio Oeste de Estados Unidos. Mientras estaba demostrando el ejercicio con una de las estudiantes, nos separamos y mi mano la invitó a despegarse del piso. Ella voló con sus pies primero siguiendo el arco inferior y aterrizó como si no pesara sobre mi cadera. Ella no planeó, se permitió volar.

Al día siguiente, después de las clases, me contó que su madre era drogadicta y tenía una enfermedad mental, y que su padre estaba preso por abuso infantil. Me confesó, con lágrimas en los ojos, que no tenía a nadie en su vida en quien pudiera confiar excepto por un amigo que vivía en un pueblo a 150 millas de distancia. Me dijo que cuando bailamos, había confiado por primera vez en su vida en alguien que acababa de conocer y que eso la había sacudido por dentro. Escuchar su experiencia me sacudió a mí por dentro. El hecho de saber que esta forma de danza, y yo mismo como uno de sus embajadores, podía tener un efecto tan profundo en la vida de alguien es quizás el testimonio más fuerte de por qué sigo enseñando y presentando.

San Miguel de Allende, México

2 de septiembre

Después de dos meses de estar de viaje, estoy de regreso en México. Una vez más, estoy parado en mi escritorio de pie, donde todo lo que necesito está al alcance de la mano. Afuera, las enredaderas de buganvillas bañan el patio en morado, naranja y rojo. Puedo ver los cuellos torcidos de las garzas mientras vuelan hacia arriba en su camino de regreso a sus nidos.

Acabo de regresar de lo que se suponía que sería una gira de trece semanas. Antes de partir, decidí reprogramar cinco de esas semanas para el próximo año debido al agotamiento. Gracias a este cambio evité llegar a un punto en el cual ya no me gustase salir de gira o incluso esta forma de danza.

Algunas veces, la parte más difícil de una gira es regresar a casa. Después de muchos gloriosos meses de viaje donde tengo claro cuál es mi rol en la vida, regresar a San Miguel puede ser desorientador.

Hago mi rutina habitual para enraizarme: voy a Lugar Escondido a sumergirme en las aguas termales, visito los jardines botánicos para ver al sol caer sobre el desierto, me dispongo a relajarme con uno o dos botes de helado de chocolate.

Pero aun así, es difícil reconocerme a mí mismo. Cuando viajo de ciudad en ciudad, sé quién soy: el artista itinerante de *Contact*. Parece que a ese lo conozco bien. Entonces, de repente, estoy de vuelta en mi casa y ya no me identifico tanto con ese papel. Es entonces cuando la reina de las preguntas vuelve a asomarse: ¿Quién soy?

Cuando estoy en la ciudad enseño en español en la Escuela Nacional de Bellas Artes. Mi estilo de enseñanza es más imaginativo que anatómico. Es raro escucharme hablar sobre el psoas o los propioceptores, en cambio me escucharán referirme al collar de perlas que corre por la columna o las burbujas de jabón que hacen que las articulaciones se vuelvan resbaladizas por dentro. Cuando enseño en inglés y les doy una imagen, puedo ver un escalofrío que atraviesa a la mitad de la clase al reconocerla. Pero debido a que el español es un lenguaje más metafórico, cuando digo una imagen en español puedo ver ese estremecimiento correr por casi todos.

Mi enseñanza es más experimental cuando enseño en casa; doy algunos giros descabellados para ver a dónde me llevan. Cuando estoy de gira, es más probable que haga mi "probado y aprobado". Qué curioso... cuando escribí eso por primera vez, puse "probado y agotado". Mmm.

El Charco del Ingenio, Jardín Botánico
En las afueras de San Miguel de Allende
5 de septiembre

Estoy sentado en mi roca favorita con vista a un cañón con acantilados verticales que caen en pozas de agua rodeadas de grupos de mezquites. En invierno, miles de vencejos de garganta blanca llegan todas las noches al atardecer. Llenan el cielo y se arremolinan sobre el cañón hasta que repentinamente se dirigen en picada en una formación perfecta que se extiende en espiral hacia las cuevas para desaparecer en las grietas del ancho de una mano extendida. Después de unos minutos, no hay un solo pájaro en el cielo. Este es un buen lugar para acallarse.

El *Contact* Improvisación es difícil de describir. Seguimos publicando definiciones en la revista *Contact Quarterly* porque ninguna definición puede contener esta danza en su totalidad. Es como el fuego, siempre cambia y siempre se manifiesta en diferentes formas. Hay luz de velas junto a la cama y chispeantes hogueras en la playa; hay incendios forestales que arden por millas, y la chimenea pequeña que calienta la habitación. Cambia continuamente, y pasa lo mismo con el C.I. Tiene su propio ciclo de vida, desde el calentamiento hasta la escucha y el seguimiento, la danza arrebatadora llena de adrenalina y el estiramiento. Y no siempre en ese orden. Me encanta esta forma, y me encanta ver a personas inspiradas por el misterio de esta danza.

Pero hay otro aspecto más oculto en mi relación con el C.I. No estoy seguro de ser capaz o estar dispuesto a hacer otra cosa. De alguna manera soy apto para este tipo de danza. No soy bueno en la repetición, y encuentro esta forma de danza, que no tiene pasos, una danza improvisada donde al menos puedo imaginar que siempre es algo nuevo... bueno, es como el fuego. Y estoy feliz aquí, en medio de eso.

Pero hay veces que solo quiero gritarle al C.I.: — *¡Desgraciado! ¿Por qué no eres más refrenado, más predecible, para que pueda comprenderte y seguir adelante? Pero no, sigues siendo salvaje y misterioso y necesito seguir escarbando para ver qué más es posible, en ti y en mí—*. Por supuesto, si fuera una forma de danza ordenada con frases pequeñas y cuentas, probablemente nunca me habría involucrado con esto en primer lugar.

He oído que los agricultores que siembran trigo domesticado tienen que realizar una tarea de suma importancia cada cierto tiempo si quieren que sus cosechas prosperen. Deben ir al desierto y encontrar trigo silvestre para llevar a su granja y mezclarlo con su variedad cultivada. El trigo silvestre le da al trigo domesticado más diversidad genética, lo que le da resistencia, fuerza y un sabor agradable. Estoy empezando a pensar que los artistas viajeros de *Contact* somos como el trigo silvestre. Entramos en una comunidad e introducimos una cepa salvaje en aquello que se ha cultivado localmente.

Pero también es cierto lo que pasa a la inversa. El hecho de ir de un lugar a otro y bailar con diferentes personas impregna mi danza con una cualidad que no encontraría si me quedara en casa.

Estaré cuatro meses aquí antes de mi próxima gira. A la larga, ¿será que continuaré esta forma de vida? No lo sé. Es enriquecedor, y es difícil. Por el momento, no puedo imaginar qué podría ser más satisfactorio o agotador. Por el momento, mantengo vivas las preguntas y la investigación. El misterio y la locura en el centro de *Contact* Improvisación están tan cerca de mi propio centro que es difícil imaginarme resistiéndome.

5

CHILES JALAPEÑOS CORREN POR MIS VENAS

BAILAR CON IMÁGENES

¡Precaución! A todos los que osan adentrarse: Este ensayo es una maraña de metáforas, un estanque prolífico de insectos zapateros y pasta de hojas, fondo viscoso, y la repentina cola ondulante de un renacuajo que desaparece en la oscuridad. Respiro imágenes, son el éter en el que vivo, la sustancia que inhalo y exhalo. Son una parte vital y esencial de la danza, la pedagogía y la vida de este hombre.

¿Cómo pueden las imágenes venir a nuestro auxilio cuando bailamos? Cuando los estudiantes entran a la clase arrastrando los pies el jueves por la noche, con el día y la semana sobre sus hombros, es probable que piensen que cualquier intento por buscar energía será inútil.

Comenzamos la clase imaginándonos burbujas de jabón resbaladizas que se multiplican en las articulaciones, los tobillos, las rodillas y la pelvis. Burbujas brillantes y relucientes de jabón aparecen entre cada vértebra. Burbujas resbaladizas dentro de las costillas y debajo de los omóplatos. Estas burbujas hacen que sea más fácil y más agradable estar en movimiento que estar en quietud. La habitación se convierte en un gigantesco remolino de cuerpos en movimiento.

Donde antes era dificultoso acceder, ahora las imágenes construyen un puente hacia las sensaciones. Sin embargo, no nos detenemos allí. Luego, los estudiantes se dan cuenta de que mientras preparaban su mezcla jabonosa y resbaladiza agregaron una botella de tequila por equivocación, las articulaciones están alcoholizadas (aunque cada persona permanece lúcida y sobria en su centro y sabe dónde está el resto de personas). Inesperadamente, el cuerpo está socialmente lubricado, moviéndose tal vez como nunca antes se había movido.

Y hasta ahora, apenas estamos empezando el calentamiento.

Hay momentos en que podemos sentirnos letárgicos o inmovilizados por las circunstancias de nuestra vida. Nuestro cuerpo emocional podría estar en desacuerdo con nuestro deseo de bailar. Las imágenes pueden crear puentes hacia nuestro interior donde hay recursos escondidos. Nos encontramos en un pozo de agua, o mejor aún, en una fuente artesiana de aguas termales. Y cuando pensamos que había pocas posibilidades de movimiento o de entusiasmo, una vez que hemos empapado nuestros músculos cansados y hemos nadado bajo la cascada, descubrimos que estamos listos para bailar, sudar y jugar.

Las imágenes no funcionan para todos. Algunas personas no tienen una puerta en su psique para las imágenes; tienen los poros abiertos para otra información sí, pero no para las imágenes. Pero para aquellos a los que las imágenes los mueven, funcionan de la misma manera que los poemas memorizados: son como una vitamina de liberación prolongada que continúa alimentándote mientras la tengas dentro de ti. Si puedes encontrar las imágenes que te nutran cuando tienes alguna deficiencia, sea vitamina D o yodo, o compasión o presencia, los resultados pueden ser especialmente sorprendentes. Las imágenes pueden despertar partes de nuestra personalidad a las que antes no teníamos acceso. Pueden iluminar una parte de nosotros que normalmente no podemos ver. La imagen correcta puede tocar a una persona en lo más profundo.

Los maestros de danza utilizan diferentes enfoques y estilos de lenguaje cuando enseñan. Algunos usan un vocabulario anatómico. Algunos ven la danza a través del lente de la psicología de la interacción. Hay maestros cuyo vocabulario es cenestésico y aquellos que sugieren un conjunto de tareas específicas. Hay quienes usan el lenguaje del juego y enseñan con una serie de juegos. Les aconsejo a mis alumnos que busquen trabajar con tantos maestros como les sea posible. De esta forma, encontrarán a aquellos que hablan un idioma que pueden entender y aprender.

Mi portal hacia el cuerpo no es a través de libros de anatomía. A menudo los maestros de Contact hablan sobre el flujo de líquido sinovial y la relación del atlas con el eje en la base del cráneo. Si bien es cierto que aprendo mucho en sus clases, cuando he intentado usar ese lenguaje, siento como si tuviese un hueso atravesado en la garganta. En lugar de hablar de vértebras, es mucho más probable que hable sobre la cadena de perlas que es la columna vertebral. En lugar de referirme a los discos de la columna vertebral, es más probable que les pida a las personas que noten las ostras viscosas o las almohadillas de mantequilla que se derriten entre esas perlas.

En mis clases, creo un mundo imaginativo, un relato donde toda nuestra percepción, investigación y actividad existe. Ese mundo se configura durante el calentamiento y continúa siendo la piedra angular del contenido durante el resto de la clase.

. . .

Uso imágenes en mi propia danza. Durante años, mientras improvisaba, invocaba la imagen del manto de la invisibilidad, lo que me permitía bailar con ligereza a pesar de mis más de 90 kilos.

Después de que mis padres y uno de mis mejores amigos fallecieran en un breve lapso, era difícil para mí ir y bailar en los *jams*. Percibir mi cuerpo mientras bailaba a menudo me hacía llorar. Y entonces apareció esta imagen: los huesos ablandados por el duelo. Esto me brindó una herramienta que me permitió no descartar mi estado de ánimo actual sino usarlo a mi favor para desarrollar la danza.

Cuando encuentro que estoy teniendo dificultades en la danza, invoco la imagen de que voy en bicicleta cuesta abajo. Siento el viento golpeándome el rostro y no tengo siquiera que pedalear. Disfruto la imagen de que mi cuerpo es una jungla. El punto de contacto se llena con una diversidad exquisita de vida silvestre y de terrenos que todavía esperan ser descubiertos.

Durante un par de años invoqué esta imagen: la bella durmiente después del beso. Me imagino lo que es despertarse después de 100 años de estar dormida. En la traducción de Ralph Manheim del cuento de los hermanos Grimm, "La Bella Durmiente", la princesa cae en un profundo sueño junto con todo el reino:

> *En el momento en que sintió el pinchazo, cayó sobre la cama que estaba en la habitación y un profundo sueño la cubrió. Y su sueño se extendió a todo el palacio. El rey y la reina acababan de llegar a casa, y cuando entraron al gran salón se durmieron y toda la corte con ellos. Los caballos se durmieron en los establos, los perros en el patio, las palomas en el techo y las moscas en las paredes. Incluso el fuego en la chimenea dejó de arder y se*

quedó dormido, y las brasas dejaron de crepitar, y el cocinero, que estaba a punto de tirar del pelo al chico de la cocina porque había hecho algo mal, lo soltó y se quedó dormido. Y el viento se calmó, y ni una hoja se agitó en los árboles fuera del castillo. Un muro de arbustos de espino empezó a crecer alrededor del castillo. Cada año crecía más alto hasta que al final rodeó y cubrió todo el castillo sin dejar rastros de él, ni siquiera de la bandera en el techo.

Me imagino el beso, lo que es tomar ese primer aliento completamente despierto después de 100 años. Y porque es un beso, la llamada de Eros significa que cada célula se está despertando; el reino entero estaba volviendo a la vida. El muro de espinos empezó a florecer y desprenderse de las paredes.

A menudo cuando invoco esta imagen mientras bailo, las sensaciones, las emociones, mi pareja, nuestra trayectoria, el piso, la habitación, todo se ve muy claro. Todas las partes del reino, hasta el fuego en la chimenea, están disponibles para este baile. La celebración de la boda hace que el todo el reino esté en equilibrio.

Y si tal vez, solo tal vez, hemos dormido durante 100 años. ¿Qué significa despertarse en este momento?

La imagen más evocadora con la que he bailado apareció de una forma memorable. Estaba en Viena enseñando mi "ejercicio de cuerpos de plumas". Un bailarín imagina que cada parte del cuerpo es una pluma y es ligera como una pluma. El "ayudante" coloca un dedo debajo de cualquier parte del cuerpo y la levanta mientras el bailarín mantiene esa parte tan ligera como una pluma y se eleva sin esfuerzo.

El ejercicio termina con la persona del cuerpo de plumas encima del ayudante mientras cada una de las extremidades se mantiene lista para levantarse con la sensación de no pesar nada.

Durante este ejercicio, una mujer se sentó en un extremo del salón y empezó a dibujar en su cuaderno. Me acerqué y observé su dibujo. Era evidente que ella había intentado dibujar un cuerpo donde cada una de sus partes era una pluma. Sin embargo, lo que salió fue un dibujo donde cada parte del cuerpo se veía como un par de labios vaginales. Se lo hice ver y nos reímos mucho.

Durante los días siguientes no pude sacar esa imagen de mi mente. Entonces, decidí invocar esta imagen mientras bailaba. El cambio en mi cuerpo fue instantáneo: mis partes tenían más autonomía, capacidad de escuchar y fluidez.

Me di cuenta de que no podía conjurar esta imagen con todos. Si tuviera que bailar de alguna manera a la defensiva con una persona, no invocaría una imagen tan comprometedora. Pero si sentía que la danza admitía cierta vulnerabilidad en el momento, esta imagen abría mi cuerpo y la improvisación a dinámicas y recorridos nunca antes explorados.

Durante varios años, la imagen se hizo más elaborada en mi imaginación pasando de labios a vulva: cada parte del cuerpo es un lugar de concepción, de sequedad y humedad, de placer, de posible violación, de desprendimiento de las paredes y de tumescencia. Mi danza cambió.

Bailar con imágenes, en especial durante muchos años, ha sido uno de mis mejores maestros. Y el uso de imágenes ha sustentado mi forma de enseñar. En la segunda parte de este libro, en un ensayo titulado, "En el corazón de los comentarios", hablo a profundidad sobre cómo los maestros pueden usar imágenes para dar apreciaciones personales de tal manera que inspiren nuevos mundos de movimiento en sus alumnos.

6

ECHANDO SAL (CON GRETCHEN SPIRO)
DANZA Y EMOCIÓN

Gretchen Spiro y Martin Keogh
Una danza después de media noche
En el Northern California Contact Jam,
Aguas termales de Harbin

Martin:
La noche dio inició con el mismo ritual de Año Nuevo
recapitulando los meses del pasado año uno por uno,
la agonía y la muerte de mi madre inundaron el año.
En abril me derrumbé y ríos de lágrimas
corrieron hasta diciembre

Se nos da la instrucción de que cerremos los ojos y nos acostemos
— *"Los invito a sumergirse en este viaje astral,
adentrarse en su ser y experimentar la energía pura".* —
Sentí esas palabras y fue como morder algodón de azúcar,
Grande y rosado pero al morderlo no es más que aire de hacerte
mal los dientes.
Me siento agitado, molesto, camino ruidosamente por el salón

y al final salgo del edificio.
Afuera, dos personas gritan a la luna en señal de frustración
por sentirse encerrados adentro.
El "viaje astral" hacia la "madre tierra" da paso
al tedioso encendido de las lámparas de ghee.
Un ritual que ya de por sí es memorable,
a mí me insulta.
Hago un saludo a los cabecillas del ritual y aviento las puertas de ese horno que me sofoca
Nunca antes había atravesado esos portales en público.

Gretchen:
"¿Qué nos llevó a esta danza? ¿Qué fue lo que experimentaste?"
me pediste que te enviara algo.
Una escultura combinando patatas machacadas, granos de café y palillos mezcladores habría quedado perfecta
Escribo:
Una vez más un maldito comienzo de año después de soportar un año tan doloroso que pensé que no iba a sobrevivir. Amor. Duda. El incesante auto-cuestionamiento. Poniendo a prueba los cimientos de mi espíritu: qué pasa conmigo que estoy nostálgica todo el tiempo. Mi corazón abierto de par en par. Mi cuerpo temblando del miedo por el cambio, el terror de partir. Un dolor tan fuerte en la parte de abajo de mi esternón que empiezo a considerar si debo ir al médico. Un intento por mantener la compostura. Por observar esas olas de emociones como una simple testigo. Aprendiendo a ser compasiva y paciente. Respirando. Manteniéndome en la práctica. Haciendo "el trabajo" con mi esposo. Conmigo misma. Dudando de si mis expectativas no serán muy altas. Recordando a lo lejos la intensidad de la vida y el entusiasmo corriendo por mis venas y dándome cuenta de que hace tiempo que no siento ese recorrido.
¿Por qué soy tan despiadada con mi dolor?

La danza se inicia

↓...Gretchen

M artin...↓

Ya adentrados en el Año Nuevo
me encuentro frente a frente con Gretchen
a solo unos centímetros de distancia.
Un hombre con un chal de rojo intenso brillante insiste en
abalanzarse sobre nosotros, jugando con el chal, dejándolo caer y
pasándolo sobre nuestros hombros y nuestras cabezas.

Te observo bailar
Escucho a Peter Gabriel cantando *The Blood of Eden*
Habla sobre el hombre y la mujer
me acerco a ti,
quedamos frente a frente, hay una persona agitando una
pañoleta roja entre nosotros,
no la detengo.

Acerco la palma de mi mano a un lado de la cabeza de Gretchen
como diciendo "Esta es nuestra danza. Vete".
Ella atrapa mi mano y ensarta mis dedos entre su trenza,
aprieto mi mano y empiezo a tirar.
La mirada de Gretchen es desafiante, sugerente.
Tiro más fuerte y su cuerpo se despega del suelo siguiendo la
misma dirección
pasa volando en el plano horizontal frente a mi pecho,

rebasa mi cuerpo,
yo bajo la mano con firmeza en la dirección opuesta llevándola
hacia atrás,
su cuerpo se pliega en el aire como si fuese una cinta
y ahora vuela en el sentido contrario.

"atrapada en esta energía envolvente..."
Mi cabello entre tu puño.
El dolor es insoportable.
Duele mucho, aunque nada supera el dolor de mi corazón.
Mi cuerpo vuela sobre ti una y otra vez,
desafiante, insistente, enojado.
Me levantas desde las trenzas
"¡Ayy! –grito, pero no hablo por este dolor.
"¡Más!" La danza se apodera de mí.

Su cuerpo se estrella contra el piso
el peso de mi cuerpo cae en mis rodillas sobre su pecho y su
estómago,
me saca de allí haciéndome rodar
con el peso sobre sus manos me patea
el pecho, tumbándome al piso.
Ahora está parada, uno de sus pies está en mi pecho
el otro en mi pierna.

Te he probado mi amor,
me aferré a él, adentrándome en esos agujeros negros,
esforzándome por descubrir
los laberintos oscuros
de mi naturaleza.
"Soy lo suficiente" "No soy lo suficiente"
Sé que no soy suficientemente feliz.
Me enfrento a mi dolor,

voy hacia las sombras de las sensaciones
Te has convertido en mi sustituto para el proceso de este año.
Tantas veces que me he rendido, tentada a conceder, a solo observar.
Pero ahora, mercurio corre por mis venas
Veneno.
arrojo mis miedos sobre tu pecho como si fueran dados,
¡Ojos de serpiente!
"A jugar otra vez..."

Su rostro se endurece,
habla en serio.
Me invita a abandonar la idea de ligereza, a bailar desenfrenadamente.
Levanto mi torso y la hago perder el equilibrio
mientras su cuerpo va cayendo, busco pararme
y la atrapo sobre mis muslos.
Empieza a rodar insistentemente sobre mi torso,
la empujo hacia abajo,
mis manos sujetan su garganta

Tus ojos encendidos de locura
Los puedo ver, me puedo ver
Me escabullo por la puerta trasera de mí misma
La cierro de un portazo, arruino las bisagras,
las ventanas se hacen añicos.
"Conoce a la BRUJA que hay en mí, HIJO DE PERRA".
No me dan miedo tus manos ni tus dientes,
O tu miedoiraenojotristezadolor

En algún lugar más allá de nuestra conciencia,
nuestro sentido de sensibilidad permanece intacto.
Inicio el movimiento
hacia el piso, en el aire, frente a mi cuerpo

envolviendo su delicada garganta con los dedos de mis manos.

Se suelta,
lanza su cuerpo contra el mío una y otra vez
el impulso de su peso me derriba
terminando debajo de ella o haciéndola girar
como si fuese un tapón.

      Despellejada, con los órganos expuestos.
        Te reto a echarme sal. Lo haces.
       Este cuerpo impermanente, no precioso.

Entrelazamos nuestros brazos y presionamos músculo contra
músculo
hasta que uno de nosotros encuentra un impulso y
tira al otro al piso
sacándolo de su centro.

           Rojo, rojo, rojo
     Cordón umbilical. Cuerda colgante. Fuego.
             Sangre.
       Nadamos en ella, borrachos.
Dibujamos pinceladas color escarlata en esa atmósfera naranja
  hay arcos y tonalidades y el espacio que se abre al vacío
 como un gran cañón, te caes y tropiezas con sus pináculos.
    Las rocas de tono rojizo con miles de capas.
  Lugares áridos, las rocas mojadas resbaladizas
       cubiertas de musgo obscuro.
  Había una confianza inusual, algo que decía:
      "Hazlo, es ahora o…" nunca.
En un territorio desprovisto de señales de emergencia, hay
      peligro implícito, necesario.
         Entonces lo hicimos.
Lanzamos nuestras extremidades, enredándolas, mezclándolas.

                    el efluvio de una honestidad alquímica
                    entregamos nuestros secretos al fuego
y observamos nuestras emociones suspenderse y desvanecerse,
                    cenizas esparciéndose sobre nuestros ojos,
                    nuestros desolados ojos.

Ella lanza su cuerpo a mi brazo extendido
Y se enrolla en mi mano
vamos hacia el piso,
ruedo sobre mi cuerpo y vuelvo a estar de pie
justo cuando ella se despega del piso
y se enrolla de nuevo en mi mano.
Hago una curva con mi brazo
envuelvo su cuerpo
lo subo de nuevo y se logra suspender,
por un momento,
sobre mi hombro contrario
voy hacia el piso.
Ella surfea las olas de mis superficies mientras descendemos
ruedo sobre ella ávidamente y me esfuerzo por llevarle la contraria,
ella hace lo mismo
en esta contienda inagotable por subir, rodar hacia la superficie.

                    Una planicie inmensa. Campos de trigo arrasados,
                    el aire caliente, inerte.
                    Hay ojos que nos observan, les devuelvo una mirada,
                    sin poder calmarlos ni tranquilizarlos.

No hay puños ni bofetadas
Pero por dentro nos hierve la sangre
queremos herir al otro
arrojamos nuestros cuerpos en el espacio.
Nos encontramos frente a frente primero, pero

Echando sal (con Gretchen Spiro)

en seguida trepamos hacia arriba enérgicamente
luchando cada uno por alcanzar la cima
nos caemos.

Lanza mi cuerpo al piso dejando caer todo su peso sobre mí.
Hay veces que puedo resistirlo, hay veces que no puedo y
ruedo.

Permanecemos en esa ira que alimenta nuestros nervios
Nadie más salió lastimado
Luego nos agarramos de nuevo entrelazando nuestros brazos,
empujando nuestros huesos entre sí
hasta hacernos caer de rodillas.
Los brazos se sueltan y descendemos
en cámara lenta, uno en el otro y al piso.

      me quedo sin aliento y caigo en el abismo
             plegada en el llanto.
     Quietud. Una piedra al final de la avalancha.
     Cierro los ojos. Busco el espejo, el espejo roto.
        "¿quién ERES quien eres QUIÉN...?"
    Entonces aparece cual deidad frente a mi rostro,
     la he amado, la he cortejado. Me he sabido
                 ella

Ahora hay quietud, no nos vemos.
Mi cuerpo empieza a temblar
el suyo también,
fundimos nuestras cabezas
dentro de una tienda secreta de torsos y extremidades que hemos
creado.
Allí lloramos,
lloro la violencia tan profunda que me habita
lloro por la confianza de Gretchen.

allí para siempre, donde no existe el tiempo.

Nuestros cuerpos se separan, nos levantamos hasta sentarnos
respiramos cerca uno del otro.
Por fin, tranquilidad o ¿será intranquilidad?

                    Siento la palma de una mano sobre mi frente
                                que me empuja de vuelta
                                    a mi piel, demasiado apretada.

Sentimos las manos de dos personas invisibles en nuestra frente.
Nos apartan y nos llevan al piso,
el hechizo se rompe.
Nuestras miradas se cruzan por un momento.
¿Terror o fascinación? No tengo palabras
Gretchen se levanta rápidamente y abandona el salón

Intento bailar con otra persona.
Es inútil,
¿cómo podría? Después de esta intimidad, sería un ultraje.

Bailo
hasta el amanecer,
solo,
refugiado en los extremos del salón

    Después de la danza, tomo una ducha. Murmuro tonos graves y angustiados al agua que se rebalsa sobre mi boca, quiero avanzar, atravesar el tiempo. Melodías desconocidas recrean uno a uno cada momento, respiro a respiro y después de un tiempo cierro el agua caliente, sin respingar cuando el frío toca mi rostro, mis pechos. Tomo la toalla. Seco mis diez dedos. Mis dos piernas. Mi entrepierna. Mi espalda. Mi pecho. Mis brazos. Mi cabello. En el exterior no ha pasado nada. En el interior resuena el vacío, la satisfacción.

Llamo a un amiga en la madrugada: "Solo quería hablar... desearía que no fuera la maldita máquina contestadora...acabo de tener una danza muy intensa...estoy un poco asustada...pero no te preocupes, estoy bien...es solo que he olvidado quien soy. Adiós".

7

BAILAR BAJO DISTINTAS CONSTELACIONES
IMPARTIENDO CLASES EN MONTEVIDEO, URUGUAY

(Escrito originalmente para el sitio web del Programa *Fulbright* para Especialistas Sénior)

Los uruguayos han nombrado los diferentes tipos de vientos que golpean la capital Montevideo. El pampero trae tormentas y la sudestada trae brisas. Al viento norte, el viento caliente que viene del norte, también le dicen el viento de los locos, o el viento que enloquece. Cuando los vientos cambian rápidamente, lo llaman la virazón. La ciudad se sitúa a lo largo del Río La Plata, y la gente de aquí conoce estos vientos como la palma de su mano.

Estoy sentado en un café con patio viendo a los peces dorados revolotear y a un pez limpiafondos moviéndose lentamente en la fuente del centro. Al mirar hacia arriba, logro divisar capas de nubes moviéndose en diferentes direcciones. Estoy a punto de caminar al salón contiguo donde enseñaré a bailarines en el Instituto Escuela Nacional de Bellas Artes de la Universidad de la República. Durante la clase, bailaremos e improvisaremos con las imágenes de los vientos de esta ciudad ribereña.

Este es mi primer viaje como Especialista Sénior del programa *Fulbright*. La comisión *Fulbright* reconoció al Contact Improvisación dentro del área de "Estudios estadounidenses", por lo que ha puesto una lista de especialistas a disposición de las universidades de todo el mundo que estén interesadas en profundizar su comprensión de la cultura e historia de los Estados Unidos.

Aquí, a miles de kilómetros debajo del ecuador, enseño esta forma de danza basada en la interacción espontánea entre dos personas que juegan con las fuerzas físicas que gobiernan su movimiento. A veces es lenta y meditativa, y otras veces es atlética y acrobática: la física es la misma en todos los lugares donde enseño, pero las metáforas que uso para transmitir esta forma están adaptadas a la cultura y el entorno locales.

Mientras calentamos en el estudio de danza del último piso, escucho a músicos practicando ópera, tango y la ráfaga esporádica de Beethoven. Ocasionalmente, la fragancia de las pinturas al óleo surge de las clases de arte del piso de abajo. Aquí enseño en español. Mi voz es grave y casi irreconocible. Cuando enseño en otro idioma, el material me sale de formas que a menudo me sorprenden. El inglés es más un idioma de verbos y el español más uno de imágenes. Cuando uso la palabra "*core*" en inglés, uso "médula" en español. La traducción literal de médula es "*marrow*". Pedir a mis alumnos que invoquen la imagen de la médula ósea genera una respuesta visceral: la imagen los lleva a acceder rápidamente a la fuerza y la movilidad alojada en el centro del cuerpo.

Después de la clase fuimos de paseo por La Rambla con mis anfitrionas, Carolina Besuievsky y Florencia Martinelli. Este tramo ribereño de playas, vías peatonales y rocas salientes se extiende a lo largo de Montevideo. Todo tipo de personas se reúnen aquí – adolescentes, familias, parejas, algunos en trajes de baño y otros en trajes de oficina. Casi todos los grupos tienen un termo y un porongo conocido como mate donde beben la yerba mate, este té ligeramente estimulante que es popular en América del Sur.

Miro la ciudad y encuentro que la imagen arquitectónica es un revoltijo. Edificios construidos de ladrillo, piedra, concreto y madera; techos de teja, cemento y paja. Mientras que en este país viven poco más de tres millones de personas, la tasa de mortalidad infantil es muy baja, y la esperanza de vida y las tasas de alfabetización son las más altas de América del Sur. Todos se saludan dándose un beso en las mejillas.

Me sorprende la cantidad de música en vivo de esta cultura. A menudo veo personas cargando instrumentos y no es raro que haya música en vivo en los restaurantes. Los fines de semana, los barrios se llenan con el ritmo de los tambores que anuncia el carnaval: una tradición viva heredada por los esclavos africanos que fueron traídos al país hace siglos.

La mayoría de los automóviles son pequeños, solo he visto dos camionetas 4x4, y los peatones *no* tienen prioridad de paso –hoy agradecí a mis reflejos de bailarín haber saltado y esquivado un autobús que viraba. No existe tal cosa como carriles, los autos avanzan zigzagueando y no es raro que me baje de los taxis con los nudillos con marcas blancas por aferrarme al asiento de enfrente. Hay carros tirados por caballos que son conducidos por personas *humildes* –indigentes, quienes hurgan en la basura de la ciudad y recogen los materiales reciclables para ganarse la vida. Algunos de los caballos lucen un tocado elegante o excéntrico o un sombrero de fieltro.

Aquí la gente, fiel a su reputación, ha sido magnánima. Patricia Vargas, la funcionaria del Programa *Fulbright*, me llevó a almorzar al paseo peatonal en la ciudad vieja. Podíamos escuchar un sonido familiar de Montevideo –el estamparse de las puertas y ventanas a causa del viento. Después de que la sombrilla de nuestra mesa voló por la calle, nos acomodamos en la tranquilidad del interior del restaurante. Hablamos sobre cultura, política, historia y sobre nuestros hijos: tiene un niño de dos años y un bebé de diez meses esperándola en casa.

Las comidas han sido espectaculares, particularmente las cenas en las casas de las personas ya que me han hecho sentir inmerso en la cultura y no solamente como un turista que iba de pasada. Nunca comimos antes de las 10 pm, siendo las 11 lo más habitual, y hubo una vez que no nos sentamos a comer sino hasta después de la una de la mañana. Soy partidario de este estilo de vida donde cocinas la comida que compras ese mismo día en el puesto de productos agrícolas, del panadero y del carnicero, todo a menos de una cuadra de distancia.

Una noche comimos *suflé* de queso a las 11:30. La brisa sudestada estaba pasando por el comedor. Durante la cena, Florencia comenzó a contarme sobre los días cuando era una niña viviendo bajo la dictadura militar en los años ochenta.

No me había dado cuenta de que Uruguay tiene su historia de encarcelamientos y desapariciones. Ella habló en voz baja acerca de cómo cada ciudadano fue clasificado como "A", "B" o "C". Los "A" no eran considerados una amenaza y podían dedicarse a sus asuntos como de costumbre. Los "B" eran vigilados y muchos perdieron sus trabajos. Las personas clasificadas como "C" fueron encarceladas o desaparecieron. Los padres de Florencia fueron clasificados como "B". Ambos eran abogados y su padre representaba a las personas que eran encarceladas por sus creencias políticas. Debido a que las familias de los presos políticos por lo general no tenían dinero, algunas veces pagaban con obsequios como ponchos tejidos a mano u otras artesanías.

Llegué a Uruguay cuatro días después de la elección del presidente Tabaré Vasquez. Este es el primer gobierno socialista del país. Mientras escribo este ensayo, hay administraciones de izquierda en Uruguay, Argentina, Bolivia, Chile, Venezuela y

Brasil. La gente sigue muy de cerca a Chile porque su ejército acaba de pedir disculpas por las atrocidades cometidas en la década de 1980 y ha pagado pensiones a los sobrevivientes.

Después de una semana, nuestra primera semana completa de bailar juntos, mis anfitrionas me llevaron a las afueras de la ciudad cerca de Punta del Este. Los uruguayos tienen un talento impresionante para divertirse. En ambos días conversábamos, comíamos huevos de codorniz como palomitas de maíz, y finalmente, alrededor de las 3 de la tarde, siempre había alguien que preguntaba: "¿Quién quiere salir y hacer algo?".

Fuimos a la playa y luego recorrimos la ciudad. Es bueno que no hayamos ido a la orilla del mar antes –aunque Uruguay es uno de los países menos industrializados, se sitúa exactamente abajo del agujero de la capa de ozono y el sol es brutal. Prácticamente nos bañamos en bloqueador solar 60SPF a pesar de la hora.

Después de nuestro fin de semana de descanso, me dejaron en las afueras de la ciudad para que tomara el autobús de regreso a Montevideo. Luego de esperar lo que se sintió una eternidad, me enteré de que el autobús se había averiado y que no se sabía cuándo llegaría el siguiente.

Sentado al costado del camino, en este país lejos de casa, en este estado de incertidumbre, me quedé observando las estrellas. En esta noche sin viento, la Vía Láctea era tan brillante que proyectaba una sombra. Han pasado años desde la última vez que presencié un cielo nocturno tan brillante. Incluso las constelaciones son diferentes en este hemisferio. Reflexioné sobre cómo esta forma de danza me ha invitado a nuevas culturas y entornos. Y a raíz de que mis sentidos han sido estimulados de maneras nuevas, hay veces que encuentro pasadizos diferentes abriéndose en mi percepción, mi enseñanza y mi forma de relacionarme con las personas. Estoy muy agradecido de que mi "trabajo" permita estas experiencias.

El autobús llegó justo antes de la medianoche.

Durante esta última semana de clases, hemos estado investigando la danza que podemos hacer mientras caemos. Hubo gritos de emoción, miedo y alegría, mientras transitamos por esos momentos de adrenalina justo antes de la resolución de la caída. En el último día, pude observar a cada estudiante con una confianza y una conexión renovada consigo mismo(a) y con quienes bailaban.

Al final de la clase, un grupo de estudiantes se acercó a mí y una de ellos, con un inglés casi perfecto, me agradeció por mi trabajo. Dijo: "Hemos estado hablando, y coincidimos en que a pesar de que han venido muchos maestros a enseñarnos diferentes estilos, lo que te hace diferente es que nos haces sentir muy bien con nosotros mismos". Ese fue el reconocimiento más gentil que pudieron haberme dado.

8

ASUMIR UNA POSTURA (CON KEITH HENNESSY)
BAILAR EN TIEMPOS DE GUERRA

Una conversación
en el festival de
Danza alternativa e
Improvisación (SFADI) de Seattle,

Keith Hennessy y Martin Keogh

Agosto 2003

El impulso activista

Martin: Mi trabajo como bailarín ya no satisface esta creciente necesidad de acción política –de ser más proactivo para hacer del mundo un lugar mejor. Ahora que tengo un hijo y tres hijastros, hacer algo se ha vuelto lo más importante.

Durante años he querido ser más activo políticamente y no he encontrado la manera de hacerlo.

Keith: Reconozco que el impulso activista tiene más propósito y peso cuando tienes una relación directa con los niños y la próxima generación. Cada generación y comunidad vive las luchas de su tiempo. Hasta ahora nadie ha declarado a los improvisadores de Contact como los nuevos demonios y no nos están colgando en la plaza pública. Históricamente, las personas han vivido con ese tipo de conflicto.

Martin: En 2002, estuve en un jam residencial de Contact en Earthdance en Massachusetts con 80 personas. Propuse una conversación estructurada sobre "el orgullo y la vergüenza de ser un estadounidense después del 9/11". Varias personas me agradecieron por organizar este evento, pero solo unas pocas se presentaron. Dos de las personas que vinieron dieron un sermón sobre lo terrible que es Estados Unidos y luego se fueron. No tenían ningún interés en tener una conversación.

A mí me interesaba más abrazar la paradoja: el desafío de equilibrar nuestro amor por nuestro país con nuestra vergüenza por lo que nuestro país hace en el mundo. Fue desalentador que no hubiese más interés. Se confirmó un sentimiento que se mantiene sobre la comunidad de Contact, que al estar basada en la individualidad y en la búsqueda de placer, somos extremadamente apolíticos y apáticos. Hay núcleos, y tú estás en uno, que son más activos políticamente, pero en general, cuando viajo por todo el país y el mundo para enseñar, las personas de la comunidad de Contact no tienen conciencia ni están activos políticamente. Siento que esto es uno de los lados obscuros de la forma de danza Contact.

En ECITE en Escocia, había 80 maestros de Contact de 22 países. Hicimos una estructura donde investigamos la identidad y la cultura nacional. Por primera vez en los 19 años de ECITE tratamos estos temas. Resultó que muchos participantes, en otro momento de su vida, habían usado su arte para la expresión política y varios habían sido arrestados durante acciones políticas. Sin embargo, la mayoría sintió que ahora no estaban haciendo lo suficiente. Lo que escuché de muchas personas fue: "No sé qué hacer, no sé cómo asumir una postura."

Keith: A mí también me inquieta la cantidad de gente tanto en el mundo de la danza de improvisación como en el del circo que quiere hacer su arte y convertirlo en su refugio ante el caos del resto del mundo.

Vivir en el refugio

Martin: Hay algo valioso y restaurador sobre tener un refugio. Pero creo que muchos de nosotros estamos tratando de vivir en el refugio y estamos dejando sin hacer mucho de lo que tiene que hacerse.

Keith: Hay personas que hacen clases de meditación y concientización en las cárceles y los prisioneros sienten que están experimentando la libertad por primera vez, a pesar que sus movimientos corporales de todos los días continúen estando determinados por alarmas programadas y guardias. Encuentran la libertad cuando aprenden la noción de estar presentes. Creo que esta es una de las cosas fundamentales que enseñamos y tratamos de experimentar en la danza improvisada. Su valor está en que podemos refugiarnos en el momento presente.

Martin: Esta idea sobre refugio sigue dando vueltas en mi cabeza. En Argentina, por ejemplo, que ya contaba con la comunidad de Contact más grande del mundo, solo en Buenos Aires hay diez *jams* por semana, algunos a los que asisten más de cien personas; la comunidad aumentó de forma drástica cuando ocurrió el colapso económico y político.

Escuché decir a mis amigos en Argentina que la crisis hizo que el Contact fuese más grande porque es un refugio. Había poco dinero, había poco trabajo y muchas de sus cuentas bancarias todavía estaban congeladas. En medio de esto, el Contact es donde las personas se congregan, es su comunidad. En Israel, es similar. Después de que empezaron la intifada y la represión, el Contact floreció y los diferentes grupos de contacteres que han existido durante muchos años ahora bailan y organizan eventos juntos.

Keith: Creo que el Contact como refugio en respuesta a la agitación política tiene dos aspectos. Uno es el aspecto del escape. Pero más importante es el aspecto de laboratorio, en el que el Contact, como forma de danza de vida/arte, ofrece herramientas para liberar la tensión de vivir en el miedo y la tiranía.

A fines de los años 70 y principios de los 80, cuando desaparecieron 30.000 ciudadanos en Argentina, incluidos activistas, artistas, maestros, organizadores sindicales y visionarios culturales, hubo un intento de destruir la sociedad civil, la democracia y la experimentación, incluso la memoria. Posiblemente el gran atractivo de CI en Argentina fue, y lo es todavía, ese enorme deseo de renovar y redescubrir el tacto, el contacto, la colaboración, la complicidad, la sensibilidad y la conciencia.

Protestar contra la guerra

Martin: Cuando quedó claro que nuestro país iba a ir a la guerra en Irak a pesar de que la opinión pública de la mayor parte del mundo no estaba de acuerdo, algo en mí se despertó y me di cuenta de que no podía vivir en el refugio. Tenía que HACER algo. Comencé a recibir cientos de peticiones y artículos por correo electrónico –estaba abrumado. Salir a gritar y decir consignas nunca ha sido lo mío. Me sentí impotente porque quería hacer algo para declarar mi oposición a la guerra, pero no sabía cómo expresarlo. Por supuesto, me hubiera gustado usar mi arte de alguna manera en esa expresión. ¿Cómo encontraste la forma de participar?

Keith: Gran parte de lo que notábamos era que las personas querían ir pero que no querían hacerlo de forma anónima. Entonces fuimos en grupos.
En varias ocasiones, alguien convocaba y muchas de las personas que conocemos, en su mayoría artistas, bailarines y algunos músicos, aparecían vestidos de blanco y se quedaban en la parte de atrás de la manifestación. Cuando habíamos reunido suficientes personas, y la manifestación empezaban a movilizarse, nosotros éramos de alguna manera nuestra propia marcha dentro de la gran masa de personas. Salíamos con la intención de llenar nuestros corazones de paz y no de presentarnos como otro ejército.

Recuerdo una ocasión en la que las personas declararon que querían salir y expresar su dolor y su rabia: estábamos molestos por lo que estaba sucediendo. Entonces Norman Rutherford y otras personas consiguieron estos cuernos chillones de caña de África del Norte y guiaron al grupo. Hubo un fuerte sonido del cuerno y acto seguido una serie de movimientos de danza, en su mayoría estructuras de improvisación en grupo, empezaron a suceder. Éramos 40 o 50 personas, bailando, cantando y marchando juntos.

Sri Louise, que también es bailarina, tiene toda una comunidad de yoga: The Underground Yoga Parlor para la Realización Personal y la Justicia Social. Ellos habían estado yendo a las acciones sin sumarse a la política del "nosotros contra ellos", colocando sus tapetes antideslizantes en la calle y haciendo una práctica pacífica de yoga. ¡Era hermoso! Un par de veces se supo que serían arrestados e incluso una vez llegó la policía mientras hacían una postura de yoga. Simplemente pusieron sus manos detrás de sus espaldas ofreciendo cero resistencia. Como si dijeran: "Sabemos lo que estamos haciendo, solo vamos a seguir haciendo yoga, ni siquiera tendrán que pedirnos que pongamos las manos en la espalda, lo haremos por ustedes". Luego, a Sri le dispararon con una bala de goma, y mucha gente dijo que necesitamos ir a la siguiente acción utilizando cascos para protegernos, y yo dije: "No, hay que ir desnudos".

La siguiente acción fue en San Ramón, y desnudos no fue lo que terminamos haciendo. Nos vestimos de negro y nos pintamos de rojo los brazos desde el codo hasta la mano y la mitad inferior de nuestras piernas, e hicimos toda la acción descalzos. Hacía frío y era incómodo. Usamos letreros pequeños colgados alrededor del cuello que tenían pintada una emoción –dolor, rabia, vergüenza, etc., sobre un fondo de color rojo. Hicimos una estructura lenta de "seguirnos".

Había contra-manifestantes en camionetas con banderas estadounidenses que hacían sonar música en alto volumen y gritaban e insultaban a la gente. Nos movíamos silenciosamente dentro y fuera de los espacios entre los manifestantes y los contra-manifestantes. Podías sentir que los manifestantes se calmaban a nuestro alrededor.

En las grandes protestas de San Francisco, la policía esposó a un grupo de manifestantes y los acordonó para arrestarlos. Había una energía tensa en el espacio entre la policía y quienes habían sido aprehendidos. Entramos al espacio con movimientos lentos de brazos y gestos con las manos en forma de *mudra*. A pesar de ser un espacio donde la policía normalmente no dejaría que nadie se moviera, habíamos establecido esta energía en la que nos movíamos lentamente, cantábamos y disminuíamos la tensión, y descubrimos que podíamos avanzar. Podías sentir que estábamos aplicando habilidades de la danza con respecto a la energía, a hacer una presentación, a la respuesta de la energía de otros y que estábamos siendo útiles en la situación.

Cuando fuimos en grupos de esta manera, nos sentimos bien de participar. En cambio, cuando alguno de nosotros iba a una acción solo, inmediatamente volvíamos a sentirnos alienados e inútiles. Parte de la alienación era sentir que las personas con los parlantes parecían saber lo que estaban haciendo, y que todos los demás solo están como siguiéndolos y luego se sentían poco productivos. Podríamos mejor usar nuestra creatividad para salir a la calle en lugar de esa rotunda negativa a participar.

Martin: ¿Y qué hay de la gente de tu comunidad que no quería asistir a las marchas?

Keith: Varias veces convocamos a reuniones para que la gente hablara. Hice una en el centro gay/lésbico. Con tan solo cuatro días de anticipación más de 60 personas se presentaron. Enviamos información desde el correo electrónico para convocar a las personas que estuvieran interesadas en un lugar para expresar sus sentimientos sobre la guerra. Fue hermoso pasar una tarde haciendo una lluvia de ideas sobre las cosas que podemos hacer y lo que podemos hacer juntos.

Martin: ¿Se les ocurrieron actividades alternativas?

Keith: Hubo personas que sentían solidaridad con los manifestantes en las calles, pero no asistían porque era demasiado violento. Estaban interesados en reunir a terapistas y sanadores para ofrecer sesiones a las personas que asistían a las manifestaciones, por lo que crearon espacios para los manifestantes que habían sido heridos o traumatizados.

Hubo varias reuniones sobre cómo hablar con personas en tu vida que quizás no tenían la información que nosotros teníamos, cómo ayudarles a obtener esa información, entenderla y creerla. Por ejemplo, que el gobierno mintió sobre las armas de destrucción masiva. Con la idea de llegar uno a uno, articular nuestras ideas entre familiares y amigos, y hacer un esfuerzo para discutir los problemas juntos.

Hubo personas que querían hablar usando rituales y oraciones, y un grupo organizó clases simultáneas de "yoga para la paz" en todo el área de la Bahía. Hubo alrededor de 30 estudios diferentes reunidos un domingo, dos o tres semanas después del comienzo de la guerra. Las personas más convencionales hacen yoga y se ven a sí mismas como cultivando algo de paz interior. Estas clases fueron una manera de llegar a este grupo.

Cuando estalló la guerra, un grupo de nosotros decidió ampliar una imagen creada por el bailarín/malabarista Frank Olivier en una manifestación anterior. Usamos trajes de vestir y nos pintamos sangre falsa que parecía real escurriendo de nuestros rostros. Fuimos a una de las grandes marchas y caminamos en el sentido contrario, dejando que se acercara hacia nosotros. Avanzamos diciendo: "Todo está bien, vete a casa, no pasa nada". Lo hicimos durante dos horas y media.

Martin: ¿Y la gente solo pasaba de largo?

Keith: Sí, y estoy hablando de más de 100.000 personas que nos vieron pasar. Varias veces nuestra presencia hizo que la gente se detuviera. Uníamos las manos y decíamos: "Todo está bien, vete a casa" y la gente se detenía por un tiempo. Luego yo decía: "¡Cinco tipos blancos en traje pueden detener a todas estas personas!" Y luego la gente reaccionaba y se unía a la actuación y nos separaba.

Motivaciones paradójicas

Martin: Lo que estoy sacando de esto es la palabra "comunidad". Asumir una postura en una comunidad es más efectivo y menos propenso al sentimiento de aislamiento, que cuando uno intenta actuar solo. Y dado que la nuestra es una comunidad de danza, la danza se convierte naturalmente en parte de esa "postura" que asumimos.

En 1976, estudiaba en la Universidad de Stanford y mi política era mucho más importante que mis estudios. Viví en Columbae, una casa con la insignia de cambio social a través de la acción no violenta. Estábamos re-politizando el campus, en donde no se habían visto protestas en varios años.

Fuimos la primera universidad en el país en protestar por las inversiones de la universidad en Sudáfrica. Exigimos que la universidad se desligara de las empresas que hacían negocios allí. Durante el evento de cierre del año más de trescientas personas estaban en proceso de ser arrestadas. A esas alturas yo hacía teatro político en las cafeterías, en el patio central de la universidad y en las protestas. Estaba allí con un megáfono haciendo que los manifestantes animaran a los que estaban siendo arrestados mientras que eran dirigidos o se los llevaban a la fuerza desde el edificio administrativo que había sido tomado hacia las furgonetas de la policía.

De repente, me di cuenta de los roles que cada uno estaba desempeñando en este acto. Con la intención de traer la atención a esto, y con la esperanza de que la policía nos tratara más humanamente, le dije a la multitud: "Vivemos a la policía por su papel en este drama humano". La gente respondió con una silbatina estruendosa. En esa situación, la gente no podía relacionarse con la policía como seres humanos.

Unos días más tarde, dejé la universidad a mediados del tercer trimestre y emprendí un largo viaje reflexivo a puro aventón en la carretera a lo largo del país. Me fui porque estaba desilusionado. Me di cuenta de cuánto me gustaba sostener ese megáfono, y hacer que las personas se inclinaran hacia la izquierda y hacia la derecha. Pero honestamente no sabía mucho sobre la gente en Sudáfrica. Había sido presa de mi propio deseo de poder. Estaba desilusionado con el movimiento, con la política y conmigo mismo.

Sin embargo, unos años más tarde, las universidades de todo el país desinvirtieron en las empresas que hacían negocios con Sudáfrica, y luego el Congreso votó siguiendo su ejemplo. Más tarde acabó el apartheid y Nelson Mandela fue liberado y se convirtió en presidente. Ahora, viéndolo en retrospectiva, siento que tuve una pizca de influencia en eso, y que hice una pequeña diferencia, incluso a pesar de que en ese momento no podía verlo.

Nuestras motivaciones pueden ser paradójicas. Si hubiese una manera de aceptar la paradoja, podríamos involucrar a más personas.

Keith: He estado pensando mucho en que la paradoja es uno de los signos de la madurez. El reconocimiento de la paradoja es una disminución de la inocencia. Te sientes tanto orgulloso y como avergonzado de ser estadounidense. Puedes reconocer tus privilegios y tus opresiones como estadounidense. En las manifestaciones casi nunca se habla de ideas paradójicas. Si no encontramos formas de hablar sobre estas paradojas, habrá menos personas que quieran participar de una manera plena y creativa.

El activismo en nuestra danza

Keith: Cuando imparto mis talleres de improvisación en escena de una semana, he estado tratando de usar un día para enfocarme en temas políticos. Es un poco incómodo al inicio ya que la mayoría quiere trabajar de manera abstracta y desde las sensaciones internas.

He estado preparando un ejercicio sobre los opuestos. Tú mantienes un diálogo físico con alguien más, de manera que cuando esa persona va hacia arriba, tú bajas; si se mueve horizontalmente, tú te mantienes vertical; si él o ella van despacio, tú vas rápido; para construir un vocabulario sobre las muchas maneras en que pueden oponerse entre sí.

Y luego practicamos hacerlo solos, como si el diálogo estuviera dentro de ellos. Sin mucha explicación, las personas corporalizan la contradicción, la paradoja, la polaridad.

Luego, más adelante en la semana, les hablo sobre la idea de que casi todos los que están en la sala desean ser más políticos, pero no saben cómo hacerlo. Sugiero que si fuesen conscientes de que pueden hacerlo con su arte, serían más propensos a comprometerse con el activismo político. Intento presentar la posibilidad de que aún puedan tener integridad con su estética mientras usan el arte para explorar y abordar una situación política.
Hay mucha gente que se pregunta cómo hacerlo, y su primer impulso es hacia la propaganda política, que puede ser aburrida o alienante... incluso ofensiva o insultante.

Algo que hacemos es sentarnos en círculo con los estudiantes y hablar sobre las diferentes guerras que suceden en el mundo. Nombramos todos los lugares que conocemos donde la gente está luchando. Se crea este vórtice del terrible estado de la situación.

Martin: Una espiral de guerra.

Keith: Correcto, un gran espiral de guerra. Luego nos ponemos a improvisar. Muchos observan una sensación de entumecimiento o de estar apagados. "¿Cómo puedo estar presente con eso e interpretarlo o improvisar con eso?" Animo a las personas a que introduzcan sus propios sentimientos e ideas personales en el salón, en sus gestos y en sus acciones. James Hillman habla de "considerar una idea" e invito a la gente a hacer precisamente eso, a no tratar de resolver un problema ni a saber incluso lo que intentan decir. La danza, especialmente el movimiento y las presentaciones improvisadas, es útil para investigar y expresar interacciones complejas de pensamientos y sentimientos. Prefiero una danza que muestre al mismo tiempo ira y tristeza, torpeza y elegancia, seguridad y reflexión.

También he estado hablando con la gente acerca de una especie de conexión entre nuestro arte y los antepasados.

Martin: ¿Nuestros ancestros?

Keith: Déjame decir "nuestros" o "los" antepasados. En el arte dramático, a menudo pensamos en el público como la cuarta pared. Michael Meade me ha estado retando a pensar esto diferente: a imaginar al público haciendo un semicírculo y a los ancestros completando el círculo, de manera que el artista se sitúa en el centro. La idea es que cuando te paras sobre el escenario para actuar, estás parado entre el mundo de los vivos y el de los muertos –un oráculo entre estos dos mundos.

Estoy tratando de crear un contexto más espiritual y comunitario dentro del gremio, para que las personas dejen de ser tan individualistas y comprendan que estar en escena no se trata solo de ellos y su intuición y presencia. Centrarse en el individuo conduce a la alienación en lugar de la solidaridad, la comunidad y el compañerismo entre todos. Esto forma parte de un proyecto a largo plazo en torno establecer una comunidad y una relación con el futuro.

Martin: Me gusta esa frase "establecer una relación con el futuro". Esto permite que nuestra acción política y performática no se trate de la gratificación instantánea.

Keith: Sí, y no podemos ser parte de este proyecto a largo plazo si estamos buscando refugio todo el tiempo. Me dan ganas de decir "¡Vamos, gente!" Esa es otra de las cosas que hago con mi trabajo. Intento aumentar la tolerancia al dolor de las personas.

Martin: Creo que yo diría la "tolerancia a la sensación".

Keith: No, quiero que toleren el dolor. Quiero que se queden allí cuando algo duele y que se den cuenta de que no es el fin del mundo.

Es una de las cosas en las que trabajo continuamente en mis clases, alentar a las personas a que no se rindan tan fácilmente y a que participen. Esta idea de que en cuanto algo duele aunque sea un poco, ya es violento.

Creo que si quieres sentirte conectado con la personas del mundo, debes encontrar algo que te importe lo suficiente y trabajar por ello. Trabajar duro y dedicarte es tu boleto para romper el ciclo de alienación, no huyendo del esfuerzo o de los retos difíciles.

Levantarse

Martin: Si tomamos una postura, nuestro objetivo es apoyarnos en la cultura de tal forma que se dirija hacia un sistema de creencias diferente. Keith, has elegido un estilo de vida que está sustancialmente fuera de lo común. ¿No te preocupa que al estar afuera no afectes a las personas en el medio?

Keith: No creo necesariamente que mi postura sea sobre reclutar seguidores. Quiero que más personas expresen sus opiniones y participen en este proyecto radicalmente democrático llamado colaboración humana y vivir.

Lo veo como que en cuanto asumes una postura, la cultura viene a ti. Es como crear una fuerza gravitatoria. Debido a lo que estás haciendo y la forma en que lo haces, atraes a las personas hacia ti o las atraes hacia tu idea. Puedes afectar la conversación, incluso si eres minoría.

Martin: Así que estás asumiendo una posición, no para apoyarte, sino para atraer o jalar hacia tu mundo de pensamiento. Pero al tomar una posición alejada atraes a menos personas.

Keith: Exploro la idea de que lo que necesitamos es más gente trabajando en el borde en lugar de en el centro. Que al estirar los bordes de la cultura, le damos más espacio a todos, incluso si dices que mi estrategia es crear gravedad. No estoy tratando de que las personas necesariamente se unan a mi círculo, pero en el momento en que se alejen de la televisión, encontrarán algo entre eso y yo que les conviene más.

Estoy apoyándome en una teoría política de "frentes múltiples", que si todas estas personas están haciendo algo alrededor, entonces hay muchos lugares para que la gente vaya en diferentes direcciones. No necesitamos más centros; necesitamos más aristas.

Martin: Me gusta el sentido cenestésico de lo que estás diciendo;

si te paras en el borde y algunas personas se mueven hacia a ti, entonces hay más espacio en el centro.

Y si asumes una postura desde donde estás en este momento, no tienes que hacer grandes cambios en su vida para asumir esa postura. Siento que esto es esencial para llevar a más bailarines al ámbito político. Hacerles saber que no tienen que dar un paso enorme desde donde están ahora para activarse. Simplemente tienen que levantarse.

Para contactar a Keith Hennessy: jkeithhennessy@gmail.com / sitio web de Keith: http://circozero.org

Gracias a Jill Cooper por transcribir las grabaciones de esta conversación y por hacer la edición final.

Esta conversación con Keith fue, en parte, lo que me llevó a crear el libro: *Hope Beneath Our Feet: Restoring Our Place in the Natural World.* Puedes obtener más información sobre mis libros martin-keogh.com/books

38 OBSEQUIOS DEL CONTACT IMPROVISACIÓN
UNA CARTA DE AMOR

Querido CI: Gracias por:

- una red de compañeros y colaboradores en todo el mundo
- por resistirte a la definición, a la codificación y a la doctrina
- por no hacernos ir de saco y corbata
- por quienes incorporan la disciplina del lenguaje a su exploración
- por no seguir modas
- por darme un cuerpo fuerte y flexible
- por aquellas *performances* de alto nivel y algunas, aunque pocas, realmente malas
- por la adrenalinaaaaaaaaaaaaaaaaaaaaa

Gracias por:

- la generosidad de las personas que enseñan esta forma

- por el desafío de bailar con personas con todo tipo de habilidades
- por no tener pasos que aprender
- por ser un terreno fértil para las metáforas
- por ser una danza que permite variaciones regionales, temporales y personales
- por los amigos, los colegas y los amantes
- por no depender de líderes carismáticos
- por ser siempre una forma incompleta –para que la gente encuentre en su interior la parte que hace falta

Gracias por:

- la capacidad de conectarme íntimamente con personas que no hablan mi idioma
- por ser un espejo compasivo de cómo soy en todas mis relaciones
- por el espectro de tocar y ser tocado
- por profundizar nuestra capacidad de sentir placer
- por enseñarnos a permitir que un momento sea la semilla del siguiente
- por ayudarnos a ser permeables a la vida
- por tu ausencia de mapas
- por los momentos en que habitamos nuestros cerebros reptilianos.

Gracias por:

- la reverencia cuando bailo con hombres y el arrebato cuando lo hago con mujeres
- por ser mi forma de subsistencia, mi apoyo, mi razón de vida
- por no tener certificaciones, cinturones, diplomas, rangos ni novatadas

- por las risas
- por estar cerca (y alrededor) de cuerpos tan maravillosos
- por acercarnos al pulso corporal del corazón, los intestinos y la linfa
- por la consciencia cada vez más precisa de las fuerzas físicas que gobiernan nuestro movimiento y nuestras vidas
- por ese descanso y sueño tan merecidos

Gracias por:

- inspirar humildad en mí por lo incluyente y magnánimo que eres
- por los momentos (me encantan estos momentos) cuando la curiosidad rebasa sus límites y se convierte en fascinación
- por ser tan accesible y también por no ser simple
- por ser la pareja más espontánea sin dejar de ser consistente
- por ser tan noble con nuestros cuerpos ya no tan jóvenes
- por mantenernos tan cerca de los mundos de la paradoja y el misterio

**Contact Improvisación,
cumplimos 38 años de historia juntos,
y te amo. Martin**

10
¿ES CONTACT IMPROVISACIÓN PARA SER VISTO EN ESCENA?

 El artesano siempre conoce el resultado de su labor, mientras que el artista nunca lo hace.

– W. H. Auden

E l zoológico

Fui asesor de Eszter Gál quien organizó por su cuenta el 14º ECITE anual en Budapest, Hungría, en el año 2000. Incorporó muchas de mis sugerencias, pero hubo una recomendación que le hice que me alegra que haya rechazado.

Me dijo que para la noche de presentación tenía planificada una maratón de cuatro horas. Puesto que teníamos reunidos a más de 120 maestros de Contact Improvisación, quería darle a cada uno la oportunidad de presentar –a algunos más de una vez.

Yo estaba horrorizado.

Le dije que las personas no tienen la capacidad para asimilar más de una hora de Contact Improvisación. Le supliqué que lo hiciera más corto y que permitiera que todos se fueran con ganas de más. Me devolvió una mirada amable, me agradeció y me dijo que en ese caso lo haría a su manera.

Eszter rentó la Artus/Fono Budai Music House, una antigua fábrica convertida en un centro cultural. Convirtió cada rincón y recoveco de los diferentes edificios, calles peatonales y plazas en espacios para presentarse. Las personas migraban de un área a otra, como en una búsqueda del tesoro, descubriendo qué había en la siguiente esquina. Había un escenario exterior y dos interiores. Algunas personas bailaban en los árboles y colgaban de los cercos. Otras presentaban en medio de las mesas en la cafetería. Había duetos presentándose encima de los lavabos de los baños públicos. Una ronda de danza continua estaba pasando en la galería que tenía una exposición de las fotografías destacadas de danza de Thomas Häntzschel. En una calle peatonal exterior que descendía en medio de los escenarios interiores y exteriores, una docena de cuerpos desnudos iluminados solo por la luna llena estaban acurrucados como rocas esparcidas por el camino, los cuerpos se asomaban desde el follaje circundante. Se podía deambular por este paisaje de formas relucientes que la luna iluminaba.

En el escenario exterior, algo podía empezar en cualquier momento, un encuentro planificado o una compañía formada espontáneamente. En uno de los escenarios interiores con toda la iluminación, había tres rondas de presentaciones de una hora con diversos bailarines.

Esta noche funcionó como distorsionador de la percepción de las personas acerca de la escena y de la vida misma. Si hay personas bailando en cercos y árboles, ¿qué es lo que significa en relación a cómo me muevo a lo largo de mi día? Si hay personas presentándose mientras nos sentamos a tomar el té y a discutir la historia de Hungría con Rumania, ¿cómo influye esto nuestra conversación? Si en cualquier momento puedo moverme a otra presentación, a otra perspectiva o puedo comenzar a presentar yo mismo, ¿qué le hace eso a mi rol como espectador?

Eszter tuvo mucho coraje en su visión y en su confianza en los artistas para entender el potencial de los diferentes espacios.

La última presentación en uno de los escenarios interiores fue un dueto de Contact que todavía me resuena después de todos estos años. Rick Nodine de Estados Unidos y Jovair Longo de Brasil fueron el gran final de la noche. Entraron corriendo juntos con el escenario iluminado desde atrás. Sus siluetas se movían rápidamente de una esquina del escenario a la otra. Sin detenerse, giraban al llegar a una esquina y seguían corriendo al mismo ritmo y manteniéndose cerca. El sonido de sus pasos sincronizados producía un ritmo cautivador. De repente, Rick cayó y Jovair cayó sobre él. Enseguida estaban parados y corriendo de nuevo. Luego hubo caídas repetitivas. Algunas veces caía uno al lado del otro y otras veces uno se inclinaba, saltaba o caía encima o pasaba al otro en dirección hacia el piso. Continuaron hasta que su cansancio fue notorio y su respiración agitada se unió al sonido de sus pasos.

Al final, evidentemente exhaustos, cayeron de espaldas respirando con dificultad. A medida que su respiración volvía a la normalidad, los dos cuerpos iluminados desde atrás comenzaron a respirar en sincronía. Podíamos ver sus diafragmas subir y bajar, así como el sudor brillando en sus rostros. Daba la sensación de que a medida que sus respiraciones se calmaban y se unían, nosotros también nos uníamos a ellos en su respiración. Ellos estaban armonizados y nosotros con ellos.

Lentamente, casi de manera simultánea, comenzaron a moverse. Moderaron el ritmo de la danza y nos llevaron con ellos –algunas veces en un lento y lúcido rodar del punto de contacto sobre sus cuerpos, y otras veces lanzándose el uno al otro hacia el aire, hacia el piso y de nuevo hacia arriba de forma efervescente. A medida que la improvisación avanzó, las luces del escenario fueron encendiéndose en su totalidad. Su relación estaba llena de curiosidad, ternura, afecto, nerviosismo, confrontaciones cercanas, asistencias pequeñas y grandes, y una fiscalidad impresionante que cuando acabó, nos dejó estremecidos y queriendo más.

Esa noche seductora en Budapest, Rick y Jovair nos presentaron su danza, una que podría vérseles haciendo en un jam de Contact. La conexión que resultó de correr y respirar invitó a la audiencia a compenetrarse por completo mientras ellos ponían su danza en escena.

Ellos presentaron Contact Improvisación. Muchas personas se preguntan si C.I. es una forma de danza que se puede presentar. Cuando veo duetos como este, que viven en mi cuerpo y en mi imaginación por décadas, estoy convencido de que sí.

Es desconcertante que algunas de las danzas más cautivadoras que he visto sucedan en los *jams* y no en el escenario. A menudo los mismos bailarines que tienen una conexión sólida en un jam, olvidan sus habilidades de Contact cuando están frente a una audiencia. Parece que se olvidan de algo tan básico como rodar el punto de contacto. No se arriesgan a perder el equilibrio. Dejan su habilidad de descubrir en el momento y escogen un movimiento más controlado mientras estructuran y componen la danza. Pierden la sensación enfocándose en el diseño.

Rick y Jovair pusieron en su danza todos los aspectos extraordinarios del C.I. y nos llevaron a adentrarnos.

. . .

Confieso que en el pasado no he sido un buen espectador. Mi mente crítica intervenía deliberadamente. A menudo envidiaba el hecho de no ser yo quien estuviera en el escenario. Por años simplemente dejé de asistir a presentaciones. Finalmente, desarrollé una manera de ser el tipo de espectador que necesitaba para pasármela bien. Asisto con un lapicero y un bloc de papel. Después de un tiempo en el que he estado absorto y sin preocuparme escribo lo que acaba de suceder. De esta manera, he podido articular los elementos que me atraen hacia una presentación. Mi estética se ha hecho más clara. Y en esos espectáculos donde mi atención divaga, tengo lapicero y papel para escribir mis vuelos fantásticos.

Cuando comencé a bailar en 1979, Contact Improvisación estaba en su mayor apogeo. Yo había descubierto la vocación de mis sueños y me lancé completamente a ella. En ese tiempo, había muchas compañías de Contact Improvisación en los Estados Unidos y Canadá, incluyendo ReUnion, Men Working, Catpoto, Mangrove, Free Lance, Contactworks, Freefall, Mirage y Fulcrum. Para 1981, muchos de estos grupos se habían separado y las presentaciones de C.I. en el área de la Bahía de San Francisco, donde yo vivía, dejaron de suceder durante los años siguientes.

Cuando C.I. tomó auge de nuevo a finales de los ochentas (un auge que continúa hasta el día de hoy), la forma había cambiado. Muchos bailarines estaban respondiendo a la pregunta "¿Es C.I. para ser visto en escena o es solo un baile participativo?" trayendo más consciencia al factor de composición en sus presentaciones. En vez de permitir que las fuerzas físicas guiaran la improvisación, las personas parecían más interesadas en cómo la improvisación dirigía las fuerzas físicas. Extraño la estética de antes.

Ann Cooper Albright, quien enseña C.I. en la Universidad de Oberlin, una vez me dijo que ella siente que el ballet y la danza moderna van hacia afuera, penetrando y colonizando el espacio, mientras que en el C.I. es al revés —el espacio coloniza y penetra a los bailarines. El C.I. es introvertido y es difícil comunicar a una audiencia el paisaje interno de la sensación y la capacidad de respuesta de los intérpretes. Este es uno de los mayores desafíos al poner C.I. en escena: ¿Cómo comunicar la vasta complejidad de sensaciones, elecciones y descubrimientos que están sucediendo cuando la mayoría de estas son experiencias internas?

Con los años, he llegado a creer que hay dos elementos cruciales en esto. Uno es el entorno —el contexto al que se invita a la audiencia— y el otro es la conexión —cómo conectar a la audiencia con tu mundo.

Cuando las personas entran a un teatro con un escenario que tiene proscenio, se genera una expectativa inmediata y hay un deseo de ser entretenidas, de ser dominadas por la experiencia. Para ver Contact Improvisación, los intérpretes necesitan darle a la audiencia las herramientas para cambiar la perspectiva desde donde experimentan la presentación. Hacer una clase demostrativa o invitar a las personas a sentarse en el escenario son maneras de cambiar esta expectativa. Brenton Cheng, un bailarín en San Francisco, busca maneras de despertar en la audiencia una actitud similar a la que adoptarían en el zoológico. No esperas que los animales te den una presentación, simplemente los observas mientras ellos se encargan de sus asuntos, siguiendo sus propias reglas, siendo ellos mismos. Este entorno de zoológico fue creado en las presentaciones del ECITE en Budapest.

Hay una infinidad de maneras de conectar con la audiencia. He visto a muchos bailarines optar por empezar lentamente en sus propias sensaciones y movimiento como una manera de conectarse a sí mismos y con la audiencia.

Rick y Jovair conectaron con su audiencia al correr sincronizados y al invitarnos a respirar con ellos. Al comenzar con mucha energía crearon la expectativa de que más adelante veríamos una danza atlética con mucha energía, demostrándolo en varias ocasiones.

He visto a bailarines crear caos con muchos cuerpos haciendo movimientos erráticos y luego se retiran para dejar solo en el espacio a un dueto. Desde el caos, surge algo cristalino y nuestra curiosidad despierta hacia cómo el dueto continuará develando ese orden.

Una vez, en un taller escénico, dos bailarines entraron y se pararon frente a frente con apenas unos centímetros entre sus cuerpos. Se vieron a los ojos manteniendo ese espacio reducido entre ellos. Con los pies en el piso, dejaron que la parte superior de sus cuerpos hiciera espirales hacia adelante y hacia atrás. Uno alrededor del otro como si fuesen dos serpientes. El contacto visual y la cercanía de sus labios cargaron de energía este inicio, lleno de posibilidades eróticas. Su improvisación partió desde allí y me llevó con ellos hacia el suspenso que surge con la presencia de Eros. Como espectadores, creamos historias acerca de cómo se estructuran y se rompen las relaciones, las seducciones, las peleas y las reconciliaciones.

Lo que surge de estos inicios es una conexión entre mi perspectiva y mi expectativa. De repente, me llevan en un proceso de descubrimiento, a la danza, a la sensación; pudiendo percibir las elecciones que se realizan. Se abre un conducto hacia el paisaje interno de los bailarines y me voy con ellos sin ningún problema hacia el desarrollo de la improvisación.

. . .

¿Es Contact Improvisación para ser visto en escena?

En el zoológico, estamos fascinados por la interacción despreocupada entre los animales. ¿Será esta fascinación un indicio de lo que funciona en una presentación de Contact? En el zoológico, ¿qué es lo que la mayoría de las personas quiere ver? He visto a grandes grupos de espectadores pararse absortos mientras dos carneros retroceden una y otra vez y luego se lanzan el uno hacia el otro haciendo que sus cuernos colisionen como un trueno. He escuchado a personas alentando a dos caballos que se mordisqueaban y olían entre ellos en su danza de cortejo. No es de extrañar que cuando dos bailarines exudan una química sexual o un potencial de violencia capten nuestra atención.

Jess Curtis y Stephanie Maher comenzaron una pieza parándose uno frente al otro, usando estas palabras: "Golpéame"; "No quiero golpearte"; "Quiero que me golpees"; "Haz que te golpee". Luego uno le da una bofetada al otro. Entonces el segundo lo abofetea de vuelta. Esto continúa hasta que una danza de contacto surge. La audiencia estuvo alerta con todo su cuerpo, con la curiosidad de ver hacia a dónde iba esa improvisación.

Cuando veo a Ray Chung y Chris Aiken presentar juntos siento que estoy en el zoológico. Cuando bailan, están presentando como ellos mismos, en vez de actuar un personaje. Están dispuestos a hacer contacto visual entre ellos y con la audiencia. En ocasiones, usan algún signo de reconocimiento, como una sonrisa, que me ayuda a ponerme de su lado. A menudo me deleita cuán claramente se disfrutan a sí mismos.

Me gusta ver sus magníficos cuerpos en movimiento, esos hábiles bailarines en control y fuera de control. Es estimulante ver los momentos en que su corporalidad contenida estalla en un movimiento vigoroso. Me compenetro en los momentos en los que la extrema fiscalidad me hace imaginar que existe un riesgo que alguien salga lastimado. Me calma y me alivia cuando alcanzan la bien merecida quietud que surge después de mucha actividad.

Tanto Ray como Chris han dominado las habilidades de Contact y cuando están en una presentación las usan sin reservas.

El banquete

El baile que más me emociona está basado primordialmente en las destrezas fundamentales de Contact Improvisación, en la respuesta del cuerpo a las fuerzas físicas –gravedad, inercia, fuerza centrífuga, etc. Este es el plato fuerte de Contact Improvisación.

Para adherirnos a estas destrezas, Ray Chung y yo usamos a menudo una estructura de presentación que llamamos *Dance On/Dance Off*. Desarrollamos nuestro dueto de contact fuera del escenario y luego entramos al escenario bailando en contacto. Terminamos mientras salimos juntos del escenario bailando. Esto nos mantiene conectados a la forma y le da a la audiencia la imagen de que está viendo una rebanada de nuestra danza, una danza que ha estado ocurriendo –y continuará– por un largo tiempo.

Contact Improvisación es como un plato fuerte al cual se le pueden agregar tantas especias como nuestro instinto animal evoque cuando entramos en relación con el otro. Añadir una pizca de sabor puede ser justo lo necesitamos para hacer que el juego de las fuerzas físicas cobre vida para la audiencia.

Hay muchas especias, pero para efectos de este ensayo quiero diferenciar tres de ellas: espacio/tiempo (sal), narrativa (ajo) y emoción (chile/ají).

Cuando estoy en la audiencia y me dan un tazón de especias sin el plato fuerte –cuando muestra demasiada narrativa, o una expresión emocional forzada, o una composición arbitraria del espacio y el tiempo– me disgusta. Pero un poquito por aquí y una pizca por allá pueden darle sabor a la presentación.

La sal de la improvisación –la conciencia del tiempo/espacio– es, por mucho, la que más riesgo tiene de arruinar el plato de Contact por exceso. Cuando los bailarines están demasiado conscientes de su relación con el espacio que los rodea o con las cualidades rítmicas, los contacteres a menudo pierden el enfoque corporal interno y pueden perder la conexión con su pareja.

Sin embargo, un platillo sin sal puede saber muy soso. Eszter Gál es un ejemplo de ponerle la cantidad correcta de sal a su improvisación de Contact. Cuando ella baila, las fuerzas físicas se hacen evidentes y nuestra atención se dirige hacia su cuerpo. También podemos ver su relación con los bordes del escenario, con el espacio negativo entre ella y su pareja y con nosotros. Mientras está conectada a la danza con su pareja, Eszter condimenta ligeramente la relación con el fraseo, contrastando la quietud con el movimiento y jugando con el ritmo y la repetición. Su uso de la conciencia espacio/tiempo a menudo crea danzas que terminan de forma dinámica con los bailarines, el espacio y la audiencia, todos conectados.

El movimiento que tiene una intención fuerte y especificidad es el diente de *ajo* que crea imágenes y narrativa en la imaginación de la audiencia.

Cinzia Gloekler es una bailarina muy hábil para traer narrativa a su improvisación. Aunque no es literal, cada movimiento parece preñado de significado. Cuando Cinzia mira en dirección al espacio, sea el espacio entre ella y su pareja o el espacio más allá del horizonte, ese espacio cobra vida porque pareciera que ella está viendo algo. Se crean historias por la relación de sus manos, hacia dónde mira, sus extremidades que a veces parecen tener vida propia, sus repentinos cambios de velocidad. La he visto crear una narrativa instantánea, con el simple acto de caminar al paso de alguien, y luego quedarse atrás, separarse o acelerar.

Cuando estamos en el escenario, hay muchas relaciones ocurriendo —la relación con nuestra pareja, con la audiencia, con lo que estamos haciendo, con la presentación misma. Tenemos sentimientos acerca de estas cosas. Una persona que pueda agregar la especia de la emoción, o lo que yo llamo chile, sabe cómo dejar que sus sentimientos sean vistos. Al revelar lo que les está sucediendo en el interior, el poder de las fuerzas meteorológicas se mueve a través de los intérpretes y del escenario.

Sabine Fabie y Gretchen Spiro son bailarines que incluyen sus cuerpos emocionales en su danza. Su disfrute por bailar brilla en sus rostros y en su sentido de juego, y su placer es contagioso. A medida que cambian sus emociones, cambian las dinámicas —de sensibles a agresivas, inseguras, eufóricas, asustadas; así sigue la lista. Sus emociones empoderan su danza.

Incluir la paleta de emociones en la danza añade dinámicas tangibles a la calidad del contacto. Cuando estoy enojado, mi mano toca el hombro de mi pareja de manera diferente que cuando me siento aburrido, alegre o asustado. Una justa cantidad de chile puede crear momentos con más energía y más cautivadores porque quienes están en la audiencia pueden sentir sus propios cuerpos emocionales a través de la danza.

En CI25, la celebración del vigésimo quinto aniversario de Contact Improvisación en la Universidad de Oberlin, en 1997, vi un trío que tenía un equilibrio estupendo entre las destrezas físicas de contact y las especias. Este evento de Contact, con más de 240 contacteres de 19 países, tenía una especie de ironía que no era inusual. En las dos noches de presentaciones, hubo solamente dos piezas que yo llamaría Contact Improvisación. Una fue la presentación de Ray y mía con la estructura *Dance On/Dance Off*. La otra fue un trío con Nancy Stark Smith, Karen Nelson y Andrew Harwood.

Los tres entraron juntos al escenario y cada uno buscó, lenta y suavemente, colocarse en medio de los otros dos. Este acto físico creó una narrativa de inmediato, porque cada uno tenía la misma meta pero no era posible que todos la alcanzaran a la vez. Comenzar con una tarea simple y clara conectó a la audiencia de forma inmediata con su experiencia y con el afán de descubrimiento.

Ellos probaban deslizarse, entrar por debajo, burlar al otro cambiando repentinamente de dirección y dando la vuelta para escabullirse en la dirección opuesta. Y luego comenzaron a distanciarse y a saltar hacia el centro. De esto resultaron trepadas, levantadas y deslizadas repentinas. Se escuchaban susurros en la audiencia a medida que los cuerpos de los bailarines parecían estar suspendidos en el aire por más tiempo del que era físicamente posible. Hubo sorpresas inesperadas, como cuando los tres saltaron al mismo tiempo y chocaron entre sí, o como cuando uno era derribado por los otros dos. Los cuerpos seguían cayendo y se reciclaba la energía constantemente, de vuelta hacia el centro. Era como si uno de ellos fuera el combustible, otro el oxígeno y el otro el calor; cada uno seguía alimentando la llama de los otros. La danza se convirtió en un crescendo rápido, riesgoso, aéreo, con caídas y subidas rápidas. Y luego, terminó al llegar casi a su punto más alto.

Esa tarea creó dos narrativas: una llena de humor que nos hizo reír a carcajadas, y otra llena del potencial de peligro que nos mantuvo en el borde de nuestros asientos. En esa improvisación física de Contact, con un toque de sabor, hubo una belleza abrasadora que vive en mí hasta el día de hoy, como solo Contact Improvisación puede hacerlo.

Esta pieza reforzó mi idea que las especias no funcionan por sí solas. Uno generalmente no se sienta a comer sal o ajo o chile. Pero si se añaden sutilmente al estado del cuerpo y al compromiso puro del Contact Improvisación, la presentación puede convertirse en una fiesta de los sentidos y la imaginación.

Es un desafío confiar en los principios básicos de Contact Improvisación al estar frente a una audiencia. Pero bailar en un entorno adecuado y conectar a los bailarines con la audiencia puede permitirnos hacer la danza que nuestros cuerpos conocen. Añadir la especia de la relación puede llevar la danza a un nivel artístico.

11

HABILIDADES PARA HACER LABORATORIO

Investigamos el Contact Improvisación a través de *jams*, talleres, festivales y cuando nos preparamos para performances. Debido a que esta es una forma de danza basada en la investigación, un formato valioso es el de "labbing", es decir, laboratorio. Los bailarines se reúnen en grupos abiertos o por invitación y plantean sus exploraciones a través de la danza, la conversación y la reflexión.

Durante mi primer año de bailarín, estudié con 19 maestros diferentes. En mi segundo año seguí tomando algunas clases, pero pasé alrededor de diez horas a la semana en el estudio practicando con diferentes personas. Bailábamos primero y luego practicábamos de acuerdo a las inquietudes que surgían. Para mí esto fue lo más natural dentro de mi proceso de maduración como bailarín y como maestro. El *labbing* se ha mantenido como una práctica a lo largo de las décadas.

Me encanta el desafío que representa el entrar a un estudio y escuchar a la maestra decir, "Quiero enseñar X y no sé cómo hacerlo". Leigh Hollowgrass estaba preparando su clase para el Festival de *Contact* de la Costa oeste de Estados Unidos (*West*

Coast Contact Festival) y me invitó a investigar utilizando este formato de laboratorio el material que quería enseñar. Se preguntaba si era posible volar hacia abajo sobre alguien. Si una persona estaba bailando con alguien que se había ido al piso desde su silla de ruedas, o alguien en una postura de espaldas abajo, ¿cómo puede el bailarín sin discapacidad igual conseguir volar?

Exploramos esto y descubrimos que uno podía salir del piso y volar hacia alguien que estaba en cuatro apoyos si aterrizaba girando, de tal forma que el peso recayera más en la fuerza centrífuga que en el compañero que quedaba por debajo. Trabajamos de atrás para adelante a partir de lo que descubrimos con tal de recrearlo paso por paso hasta llegar al resultado. Leigh enseñó una clase práctica donde casi todos tuvieron una experiencia de esto.

Por muchos años, mientras bailaba, me había preguntado cómo podía con mi danza invitar/alentar a las personas a que confiaran en mí para ir a su espacio de atrás. Probé muchas técnicas: golpear suavecito con mi cabeza, empujar y luego soltar con la parte superior de la espalda, tocar la parte superior de la cabeza. Nada parecía funcionar de manera consistente. Hice esta pregunta en un grupo de laboratorio y alguien dijo: "¿Has intentado poner una mano en el hueso de la cadera?". Estando de espaldas traté de poner una mano en la cadera de mi pareja. La persona se relajó de inmediato en el soporte. Esta pregunta de exploración, con la que había luchado por mi cuenta durante años, fue resuelta en dos minutos y pasamos a la siguiente pregunta.

En el primer festival de *Contact* en Buenos Aires hicimos una pecera de exploraciones para maestros en la cual los participantes proponían preguntas y luego eran testigos de los maestros poniendo en práctica esas preguntas. Practicamos varias habilidades a pedido. Luego, pusimos en práctica algunas de las preguntas de los maestros, incluyendo una mía: ¿Puede una persona volar sobre alguien que está a punto de perder el equilibrio y caer al suelo?

Poco a poco los maestros se fueron dispersando hasta que quedamos solo Daniela Schwartz y yo en medio de esta pregunta. Avanzamos hasta el punto en que Dani hacía una curva manteniendo el tono de su cuerpo y caía continuando la forma de medialuna desde la posición de pie hasta el piso. Luego, yo me unía a ella con mis manos y después con más partes del cuerpo. Hasta que finalmente, volé sobre ella mientras ella hacía su caída por un borde largo conmigo pegado en su descenso. Fue como si un solo cuerpo cayera en medialuna y recibiera el apoyo del piso. Si bien es raro que una oportunidad como esta se dé durante una danza, ahora siento más confianza para relacionarme con las personas que están en desequilibrio.

En San Miguel de Allende convoqué a un grupo de laboratorio para reunirnos durante cinco días a la semana por más de tres años. En el núcleo principal del grupo estaban Leilani Weis, Daniela Schwartz, Nancy Franco, Viet Fuentes, Paula Zacharias y Silvia Kohen. Debido a la constancia y al extenso período de tiempo, profundizamos en nuestra confianza física y emocional, lo que nos permitió hacernos preguntas más complejas y atrevidas.

Trabajamos con el abandono (en inglés, *sloughing*), es decir, levantábamos a alguien desde la zona entre el vientre y el pecho para que se relajara por completo en nuestros brazos. Luego lo soltábamos de repente de tal forma que se mantuviera relajado y cayera al suelo en caída libre con el mínimo de esfuerzo. Con el paso de los años, lo intentamos desde un banco, desde una mesa, y luego desde dos mesas apiladas entre sí para ver cómo una persona podía permanecer relajada en una caída, incluso desde alturas vertiginosas. Llegamos al punto en el que podíamos sostener a la persona cabeza abajo con la cabeza tocando el suelo y esta persona podía abandonarse desde la posición invertida. (¡No intenten esto en casa!)

Pasamos un año investigando "viajes sobre la marcha". Queríamos movernos más allá de esos vuelos donde le guiñas el ojo a tu pareja y luego te lanzas repitiendo una maniobra ensayada para volar sobre su hombro o su cadera. Investigamos un estado de disponibilidad que permitiera que los viajes surgieran espontáneamente al seguir curvaturas, aumentar el *momentum*, entrar en arcos por debajo y caer desde los puntos de apoyo a la suspensión. Mientras estábamos en esta investigación, nuestros *jams* se llenaron de las acrobacias más excitantes y espontáneas que pueden surgir en las danzas que más me gustan en Contact Improvisación.

Trabajamos preguntas físicas y emocionales. Trabajamos con ropa y sin ropa. Y nos preguntamos sobre cómo atestiguar la forma, lo que nos llevó a presentar cada tantas semanas.

Las propuestas podrían estar a medio definir y al final, las cosas no necesariamente tenían que funcionar. Nos dimos el permiso para probar ideas descabelladas. Nuestras ideas eran libres de transformarse en algo completamente diferente a lo que un inicio las impulsó. Pudimos encontrar nuestros límites y movernos desde allí. La conexión de este grupo de estudio propició investigaciones tan profundas y amplias que dos décadas después todavía nos informan.

Una vez fuimos demasiado lejos.

Yo aparecí con una pregunta candente. Noté que cuando bailaba y veía que una persona volaba hacia mí sentía una aflicción emocional. Cuando sucedía eso, esta oleada de emoción me daba la capacidad de lidiar con el peso cuando aterrizaba sobre mí.

Identifiqué la emoción como ira y me pregunté si esto sería útil para que las personas más pequeñas cargaran el peso de cuerpos más grandes.

Propuse que pensáramos en situaciones que nos enojaran y luego probamos volar entre nosotros. Traje palos y los rompimos y luego volamos uno sobre el otro. Intentamos empujar a nuestra pareja y luego volar sobre ella, pero nada de esto creó el efecto que estábamos buscando.

No recuerdo quién tuvo la siguiente idea. Nos paramos frente a nuestra pareja y, con su consentimiento, la abofeteamos en la cara y luego lanzamos nuestro cuerpo hacia ella. El resultado fue extraordinario. Las personas más pequeñas en el salón giraban sobre sus hombros en helicóptero a las personas más grandes. Haber sido golpeados en la cara creó un torrente de fuerza pura y vigorosa que, por un momento, se sintió como si tuviésemos poderes sobrehumanos.

Aunque esto fue esclarecedor e informativo, el grupo fue un desastre emocional durante una semana. Requirió de mucho trabajo de construcción progresiva de confianza para recuperar la sensación de equilibrio, armonía y seguridad. Si bien es cierto que nos sorprendió como grupo, no me arrepiento de haber cruzado esa línea. Demostró que había un límite dentro del cual sabíamos que podíamos investigar de forma segura.

Estoy fascinado con el conjunto de habilidades que aceitan el engranaje de un grupo de laboratorio exitoso. En mis talleres más largos enseño estas habilidades de exploración en laboratorio. Esto comenzó porque no dejaba de escuchar de personas que se lesionaban practicando por no calentar adecuadamente para las preguntas que querían poner en práctica.

Cuando hacemos grupos de laboratorio en el contexto de un taller, me aseguro de que las personas estén preparadas para cualquier eventualidad. Esto incluye actividades que nos permitan:

- percibir los matices de las sensaciones
- activar los músculos del centro
- bailar a un ritmo cardíaco acelerado

Una vez que estas tres áreas están cubiertas, estamos listos para entrar en lo desconocido.

Para la primera ronda de laboratorios yo doy el tema. Por lo general, comenzamos con una práctica de "vías alternativas" en el que las personas identifican sus rutas predilectas y luego encuentran alternativas. Normalmente trabajamos en grupos de tres o cuatro.

En la próxima ronda, cada persona plantea una pregunta personal con la que está lidiando. El grupo dedica tiempo y atención a la pregunta de cada integrante.

La próxima ronda, y el laboratorio que representa más desafíos, es que el grupo formule una pregunta que todos quieran abordar. Me encanta el momento en que veo un foco encenderse en todos los integrantes del grupo porque han encontrado una sola idea que los entusiasma a todos.

Antes de dividirnos en grupos doy esta guía de práctica:

- La clave para una buena práctica de laboratorio es la generosidad. Generosidad al escuchar, con el conocimiento, con la presencia.
- Los deseos de todos son importantes: es tarea de los más

expresivos que los más tímidos tengan el espacio para comunicar sus ideas.
- Vuelquen sus conocimientos: puede que exista alguien que ya sepa algo sobre la pregunta. Dejen que los que saben vuelquen sus conocimientos hablando o mostrando al grupo. Luego continúen desde allí.
- Perciban la envidia que producen otras prácticas. Observen su envidia por otras prácticas que están ocurriendo en el salón.
- Denle un título a su práctica: si se ponen de acuerdo sobre un título, tendrán un enfoque claro: "Invitaciones que proponen mayor sensibilidad". "La mecánica de las pequeñas suspensiones". "Permitir la inestabilidad para invitar a lo inesperado".
- Encuentren un equilibrio entre hablar, investigar el movimiento y bailar.
- Si están buscando su pregunta de práctica, o si tienen una pregunta de práctica pero necesitan más información: comiencen bailando.
- Cuando hacemos *labbing* no necesariamente encontramos la "respuesta", pero con suerte llegamos a un entendimiento más profundo de la pregunta.
- En las prácticas donde cada persona hace una pregunta personal, se requiere humildad. Nos estamos aventurando en un área donde nos sentimos inconclusos. El grupo puede reconocer la valentía de este acto.
- A veces nos apresuramos a la respuesta simple con tal de liberar la tensión. Abracen la incomodidad y permanezcan más tiempo en lo no resuelto. Esto permite que surjan los descubrimientos más sorprendentes.

Normalmente doy una hora para que las personas trabajen juntas (un poco más para las preguntas personales de la práctica). Los grupos luego comparten sus hallazgos con toda la clase. Algunos ofrecen un informe sobre lo que encontraron, o mejor aún, dan una demostración o una demostración con un informe. Esto podría ser de un hallazgo o de una mezcla de hallazgos. Otra opción es que puedan guiar al grupo en un ejercicio simple para demostrar alguno de sus hallazgos.

Explorar en formato de laboratorio es una forma invaluable para profundizar nuestra investigación sobre la danza. Este formato funciona muy bien en comunidades que no tienen la masa crítica para un jam semanal. Solo se necesitan dos personas para hacer un grupo de estudio con este formato.

Al final de mis talleres, a menudo dejo tareas. A veces esto incluye: encontrar una pareja o grupo pequeño y hacer un laboratorio semanal durante un período de seis meses a un año.

12

BAILAR LA QUIETUD
CUALIDADES DE UN BAILARÍN
EXPERIMENTADO DE CONTACT
IMPROVISACIÓN

Llevaba a penas un año bailando y ya me sentía aburrido con mis patrones habituales de movimiento –me daba la impresión de que la mayoría de los movimientos, la mayoría de opciones las había hecho cientos de veces antes. Estábamos sentados con tres de los maestros en un intensivo de un mes de duración con la compañía de danza Mangrove CI y lamentaba lo aburrido que estaba con la repetición dentro de mi danza.

"Ese es un progreso", dijo John Lefan, casi radiante. Freddie Long dijo: "El aburrimiento es una señal de que conoces tus patrones y este es el primer paso para transformarlos en algo nuevo". Y recuerdo que Byron Brown añadió "una definición de un bailarín avanzado de contact es alguien que tiene numerosos ciclos de aburrimiento bajo la manga".

Me fascinan las cualidades que los bailarines experimentados de Contact aportan a la forma. Y me provoca el desafío de describir esas cualidades.

. . .

En el Festival ImPulsTanz de Viena, quizá el festival de danza más grande y prestigioso del mundo, a menudo me sorprendo por la cantidad de bailarines que se inscriben a los talleres "avanzados" de Contact Improvisación sin haber tomado una sola clase de esta forma. En su mayoría se trata de bailarines contemporáneos y especímenes humanos excepcionalmente bien entrenados. Dudo que se inscribirían en una clase avanzada de ballet o kathak sin experiencia previa. Sin embargo, por la cualidad orgánica del movimiento en CI, presumen que ya tienen las habilidades necesarias.

Aunque que los estudiantes vengan listos para trabajar en dúos, su cuerpo mantiene un exceso de tono que les dificulta escuchar y conversar con otro cuerpo. Entran y salen del piso con mucha destreza siguiendo recorridos ya bastante conocidos, pero casi no tienen herramientas para caer con libertad sin lastimarse o lastimar a su pareja. A menudo es un reto dejar de componer la danza y permitir que simplemente suceda y sea descubierta.

He discutido esto con varios maestros de C.I. que han pasado por ImPulsTanz. La mayoría de nosotros terminamos enseñando los fundamentos de Contact independientemente del nivel que publicamos en el taller.

Puede ser que identificar cuáles son fundamentos indispensables para llevar a cabo una exploración sin obstáculos sea más importante que identificar las cualidades de un bailarín avanzado. ¿Cuáles son las proposiciones y habilidades fundantes de la forma, es decir, esos elementos que necesitamos antes de que podamos aventurarnos a más?

Este es el lenguaje que Chris Aiken y Angie Hauser utilizan para ayudar a las personas a auto-seleccionarse en sus talleres avanzados:

Nivel de experiencia de los participantes:

Estamos aceptando solicitudes de bailarines de nivel avanzado de C.I. Apreciamos el desafío inherente a este tipo de autoevaluación y ofrecemos los siguientes criterios para ayudarles a aclarar. Como bailarín de C.I. avanzado, debería ser capaz de:

- Recibir peso
- Caer de forma segura desde diferentes niveles
- Seguir el punto de contacto
- Invertir su posición, sentirse cómodo con la desorientación
- Ser capaz de modular el tono físico de su cuerpo en relación con su pareja y las exigencias de la danza
- Estar comprometido a ser emocionalmente claro y estar presente mientras baila
- Aceptar la responsabilidad de su propia seguridad

Es importante para la congruencia y la seguridad del grupo que todos los participantes se sientan cómodos en este nivel.

Y este es el texto que Nancy Stark Smith usa para su residencia de un mes en enero para los estudiantes regulares:

Aunque los niveles en C.I. son difíciles de determinar, tu práctica de C.I. debería incluir: caer con fluidez desde cualquier nivel, rodar, recibir y dar peso, estar en posiciones invertidas, bailar con desorientación, seguir un punto de contacto físico, trabajar con sutileza (y esfuerzo), e improvisar en contacto físico.

Ambas descripciones son un listado específico de habilidades y capacidades fundamentales que se pueden perfeccionar. Una vez aprendidas, nos permiten movernos juntos cómodamente en una conversación física dinámica. A partir de aquí, nuestra investigación puede ser cada vez más atrevida y refinada.

Continúa siendo un tema inconcluso el cómo nosotros, como profesionales y maestros, creamos un criterio para el trabajo avanzado. La mayoría de las personas está de acuerdo en que no hay una escala única en la que podamos clasificar a los bailarines que investigan Contact Improvisación. Existen muchos, sino innumerables, puntos de referencia para medir la capacidad. Una vez que tenemos los fundamentos necesarios para movernos juntos en estrecha proximidad y sin un plan determinado, la investigación que le sigue parece reducirse a las preferencias de cada quien.

Steve Paxton dijo que la "supervivencia" era un criterio principal para las personas que invitó a formar parte del primer grupo que exploró las ideas que se convirtieron en Contact Improvisación. Quería personas con resiliencia y la capacidad de sobrevivir a lo que sea que les iba a proponer. Daniel Lepkoff, maestro y miembro de ese grupo original, dice (extraído de CQ, mayo de 2008: Contact Improvisación: ¿una pregunta?):

> La técnica base necesaria para prepararse y sobrevivir a las sorpresas de un dueto de Contact Improvisación es formular una pregunta y persistir en ella:

- ¿Qué está pasando cuando me muevo?
- ¿Dónde está mi centro?

- ¿Dónde está abajo?
- ¿Qué superficies de mi piel me están tocando o están tocando?
- ¿Cuál de estas superficies ofrece soporte?
- ¿Dónde creo que voy?
- ¿A dónde puedo ir?
- ¿De qué no soy consciente? ... y así sucesivamente

Si bien es cierto que la razón por la que invitaron a las primeras personas para bailar C.I. fue que eran atletas y bailarines considerados capaces de 'sobrevivir'; estas habilidades de supervivencia ahora se enseñan. Esto ha permitido que la forma alcance una gama más amplia de participantes. La forma es, por naturaleza, magnánima.

Sin embargo, en toda su generosidad, he llegado a sentir que es crucial tener foros donde investiguemos más allá de los fundamentos. Al bailar en los límites de lo que ya sabemos, la danza evoluciona y florece, tanto a nivel personal como colectivo.

Es aquí donde la danza se pone interesante.

Esta es una manera de diferenciar a los bailarines novatos de los experimentados. Una persona que comienza a practicar Contact Improvisación es similar a una ciudad que instala sus primeras líneas de metro con tan solo algunas paradas a lo largo de la ruta. La gente llega a la estación terminal y luego necesita regresar.

Lo mismo sucede al bailar. A medida que un principiante continúa bailando, va creando más estaciones antes que necesite dar la vuelta. Y después aparecen nuevas líneas y estaciones de correspondencia.

Lo que he notado con los bailarines experimentados de CI es que prácticamente no tienen estaciones terminales. Y aunque en cualquier momento pueden optar por regresar, no es necesario. Es una elección que a menudo tiene lugar cuando una pared u otro dúo se atraviesan en el camino. El bailarín experimentado tiene suficientes ciclos de aburrimiento y movimientos nuevos, de modo que construye un metro casi infinito (o subte, o subterráneo, según la ciudad y el país). Entonces seguir un impulso hasta el final puede no estar confinado a ciertos límites y al mantenerse en la continuidad del movimiento, el bailarín experimentado puede adentrarse progresivamente en nuevos caminos.

Los fundamentos nos permiten sentirnos seguros al bailar juntos en una conversación física. Después, lo que cada uno decida investigar e identificar como "avanzado" es un reflejo de las inclinaciones personales de cada quien. Por ejemplo, yo soy amante de plantear el silogismo **SI/ENTONCES**: **SI** este fundamento está, **ENTONCES** ¿qué podemos hacer?

- **SI** sabemos que podemos dirigir nuestro peso al piso a través de nuestro cuerpo, **ENTONCES** sabemos que podemos surfear por otros cuerpos por el piso.
- **SI** podemos pasar el peso de nuestro compañero a través de nuestra estructura ósea, **ENTONCES** podemos levantar a personas más grandes que nosotros.
- **SI** podemos caer desde lugares cada vez altos, **ENTONCES** podemos desarrollar las habilidades de volar.
- **SI** podemos entrar en una espiral, **ENTONCES** podemos ofrecer muchos lugares accesibles en nuestro cuerpo para que nuestra pareja responda a ellos.
- **SI** no existen estaciones terminales, ¿**ENTONCES** qué?

A continuación se detallan algunas destrezas y habilidades categorizadas de acuerdo con mis preferencias. Si las personas tienen los elementos en la primera lista, entonces pueden jugar con las cualidades de la segunda. Si dominan la segunda lista, entonces tienen la base para investigar las cualidades de la tercera.

Si es diestro en los fundamentos, un "principiante avanzado" tiene:

- habilidades de percepción corporal / confianza en su propiocepción / conciencia de dónde está en el espacio
- capacidad de modular el tono. Se mueve expansivamente, colorido, pero con una sensación de liviandad parecida a la del algodón de azúcar
- facilidad con las trayectorias hacia / desde el piso, solos y acompañados
- capacidad de pasar peso al piso a través de sus huesos y sus tejidos sin la necesidad de emplear fuerza muscular
- facilidad de escuchar a través del tacto y la capacidad de seguir un punto de contacto
- estar igual de cómodo con ofrecer ya sea el frente o el dorso del cuerpo para entrar en contacto
- tener precisión con el peso, sobre y a través del cuerpo de la pareja
- estar cómodo con el uso de las manos para entrar al piso
- facilidad para rechazar peso, levantadas o contacto. Puede salirse, quitarse del camino o desechar lo que no desea
- una capacidad creciente para lo no resuelto y lo incómodo
- la capacidad de continuar en la conversación física durante los momentos de desorientación

Un bailarín "intermedio" que domina estas habilidades tiene:

- un cuerpo organizado y suelto, con una fuerza flexible, es ágil y resiliente
- extremidades y una cabeza que se mueven de forma independiente una de la otra
- piernas libres y que pueden hacerse livianas y caderas capaces de liberarse cuando la persona sale del piso
- comodidad de aceptar invitaciones en la danza al despegar casi inmediatamente el punto de apoyo. Esto incluye, al estar apoyados en el piso, liberar el centro y delegar el peso en las extremidades
- la libertad de no enraizarse automáticamente al piso sabiendo que la danza es libre de moverse por todo el salón
- una cabeza que fácilmente deja su orientación vertical en relación al salón -dando paso a una danza esférica
- una nueva habilidad; las invitaciones que solían darse mediante las manos ahora se pueden dar desde cualquier parte del cuerpo (¡las costillas se convierten en dedos!). Pasa a ser de una danza manipulada a una danza más consensuada
- la capacidad para leer el espacio y el piso a través del cuerpo de su pareja incluso cuando no hay contacto físico
- la utilización de los espejos para obtener información espacial en lugar de ver el aspecto de su pareja
- la habilidad para encontrar la recuperación en medio del esfuerzo
- la capacidad para salvarse al caer desde grandes alturas
- la capacidad de ver y moverse hacia el espacio de atrás
- una noción de nutrir la improvisación agotando la información de solo un impulso en lugar de recurrir a introducir nuevas ideas constantemente

- comodidad en abandonar la autoridad sobre su centro en un centro compartido. Una capacidad para abandonar las ideas propias acerca de la trayectoria actual del movimiento

Un bailarín "experimentado", que comienza a investigar en estos límites, tiene:

- el cuerpo preparado para que en cualquier momento, cualquier lugar de su cuerpo inicie el movimiento en cualquier dirección y a cualquier velocidad
- una capacidad amplificada para proponer sin contacto y a través del espacio algo que solía hacerse en contacto físico
- muchos lugares accesibles en su cuerpo que ofrecen múltiples puntos para relacionarse, lo que yo llamo danza policéntrica
- la capacidad de bailar con un toque lúcido. Su pareja puede sentir no solo el toque, sino también a la pareja sintiendo el toque
- una comprensión visceral de la espiral; puede caer Y girar en espiral hacia el espacio de atrás
- la capacidad de hacer el espacio de alrededor tangible. Para no depender únicamente de su pareja, se proyectan más allá de sí mismos y logran sustentarse desde el mismo espacio
- una comprensión de cómo lograr las acrobacias espontáneas de la forma (en lugar del "te guiño el ojo, estoy a punto de volar hacia tu hombro")
- un virtuosismo que nace de entrar en un movimiento dinámico sin saber cómo se resolverá el movimiento
- una presencia que dilata el tiempo al dejar algo atrás (a menudo en espiral) para que los impulsos recién descubiertos puedan nutrirse del pasado, del presente

o de algún lugar futuro a lo largo de la trayectoria actual
- la consciencia de no bailar tanto sus habilidades como bailar con su pareja: es por eso que tienen la capacidad de bailar con personas de todos los niveles de experiencia

El grupo original investigó Contact Improvisación a partir del desarrollo de tres habilidades que se convirtieron la estructura original dentro de la cual bailaban. Trabajaron con rodadas de Aikido, "la pequeña danza" de meditar en el acto de mantenerse de pie y el ejercicio de saltar atravesando el espacio en dirección hacia el otro.

A lo largo de las cinco décadas que le siguieron a ese momento que reunió al grupo original, se han desarrollado y agregado infinidad de habilidades a la estructura. Por nombrar algunas, que ahora damos por sentado y que no estaban en la investigación original está: el entregar el peso; trabajar en posiciones bajas y altas; trayectorias hacia el piso y en el aire; y la habilidad básica de surfear. Estas y una gran cantidad de otras habilidades se han desarrollado desde el inicio.

Después de haber acumulado tantas habilidades, la pregunta es: ¿cómo logramos no engrosar esa estructura para que no se vuelva solo una cuestión de bailar habilidades sobre habilidades? A medida que avanzamos en nuestra investigación, ¿cómo recordamos la propuesta original de la forma, y permitimos que la estructura de habilidades y capacidades que está creciendo nos brinde un territorio más amplio dentro del cual podamos encontrarnos en un estado de curiosidad con alguien más?

. . .

Casi medio siglo después de su surgimiento, Contact Improvisación continúa evolucionando, extendiéndose e influyendo en otras formas de movimiento. Es importante para el desarrollo de Contact Improvisación investigar con practicantes experimentados que estén investigando activamente sobre los límites de la forma. Cuando los bailarines experimentados trabajan dentro de un grupo donde no hay que preocuparse por el instinto de auto-conservación, donde no se necesita bailar a la defensiva, donde no hay que contenerse, entonces tal vez se estén moviendo en los límites de la propia forma.

Aquí hay algunos lugares que reúnen a bailarines experimentados para investigar juntos:

- EIMCILA - Encuentro Internacional de Maestros de Contact Improvisación en Latinoamérica
- ECITE en un país diferente cada año
- CIGR (en Earthdance)
- Los encuentros de maestros previos a los Festivales de Contact
- Talleres de nivel avanzado
- Y uno de mis favoritos: laboratorios abiertos o por invitación

Este ensayo surgió de las respuestas reflexivas, inquisitivas y, a veces furiosas, que recibí en una publicación hecha en mi blog en martinkeogh.com

Puedes unirte a la conversación en inglés en:

http://martinkeogh.com/what-are-the-qualities-of-an-advanced-contact-improvisation-dancer-part-one/

Puedes unirte un la conversación en español en:

http://martinkeogh.com/spanish-version-cuales-son-las-cualidades-de-un-bailarin-avanzado-de-contact-improvisacion/

13

LOS MOMENTOS DE ÉXTASIS
BAILAR CONTACT IMPROVISACIÓN

Los instrumentos

¿Quién es el más afortunado en toda esta orquesta?
La flauta de caña
Su boca toca tus labios para hacer música.

Todas las cañas, especialmente la caña de azúcar,
    esperan solo
esa oportunidad. Se mecen en los cañaverales,
libres en todas sus formas de bailar.

Sin ti, los instrumentos morirían.
Uno se queda cerca de ti. Otro consigue robarte un
    largo beso.
La pandereta suplica, toca mi piel para que pueda
    ser yo.

Déjame sentir que entras en cada extremidad, hueso
    por hueso,
Para que lo que murió anoche pueda completarse hoy.

¿Por qué vivir como abstemio y sentir que te desvaneces?
No lo haré.

Dame suficiente vino o déjame en paz,
ahora que sé cómo es
estar contigo en una conversación constante.

— Rumi (versión en inglés por Coleman Barks)

Nos lanzamos con el final de nuestras cabezas, mientras dejamos nuestros pies atrás, nos caemos juntos, cada uno rodando sobre el cuerpo del otro a medida que descendemos, sin prever quién estará encima cuando lleguemos al piso.

Bailo con la imagen de que soy un río y tú eres la ribera de mi río. No sé lo que está río abajo. Dejo que venga. Si las orillas se hacen más angostas, me muevo más rápido, si las riberas se ensanchan, fluyo lentamente hacia el afluente. Si encuentro una roca, puedo rodearla o pasar debajo de ella y levantarla, o pasar por encima y que me levante. Me dejo llevar constantemente. Al mismo tiempo, sé que también soy las riberas de tu río y tú, como yo, tampoco sabes qué hay en la próxima curva.

El dorso de nuestras manos se encuentra. Seguimos su trayectoria errante que pasa entre nosotros y a través del salón.

Eres un extraño en el jam. Nunca sabré tu nombre. Nuestro contacto auténtico y espontáneo implica renunciar a nuestras necesidades de obtener ganancias o beneficios de esta interacción. Renunciamos a un resultado esperado o una resolución. Contact es la intersección donde nos encontramos, donde se intercambian bienes e información. Contact es el mercado de la plaza, el abrevadero, es donde nos permitimos ser afectados y el lugar donde se retan, alientan y ponen a prueba nuestros límites y cualidades. El contacto auténtico y espontáneo consiste en entrar en el intercambio y fluir con la disposición de negociar nuestras percepciones y acciones sin temor a salir perdiendo o al deseo de asegurar una resolución.

E*stoy en cuatro apoyos. Estás parado a mi lado y usas mi espalda como un trampolín para caer sobre mí y rebotar de vuelta a la postura de pie, solo para volver a caer sobre mí.*

Querida amiga, recuerdo los caminos, incluso, después de todos estos años. Es familiar, conozco esta danza porque nos hemos encontrado durante décadas. Nos hemos incrustado indeleblemente en las células y las sinapsis del otro- lo que nos gusta, dónde están nuestros límites inviolables. Y aquí estamos, años más tarde, bailando en el aire enrarecido del centro de México, encontrándonos al vuelo, y volando y bramando al compás del placer que recordamos.

B*ailar contigo es como bailar conmigo mismo. Eres grande. Ruedo hacia tus hombros sobre tu espalda erguida y sigo rodando hacia tu cabeza haciendo círculos pasando de un hombro al otro hombro como una hélice girando.*

Contigo me gusta sudar y sentir mis pulmones en su máxima capacidad. Que me empujen y empujar en respuesta. Y gritar de alegría. Siento que mi piel florece a la belleza con el contacto de tu piel. Y cuando bailo me siento realmente hermoso -fuerte, resiliente, creativo, valiente, sensible, humano. Nuestra danza me hace sentir que estoy llegando a la plenitud.

. . .

Corremos por la habitación y, con una mano sobre el hombro del otro, te despegas en el aire a cada cinco pasos que doy. Y cuando bajas, me inclino apoyando mi brazo sobre tu hombro, girando los pies perpendicularmente a ti, vuelo alrededor en círculos.

Eres pequeño comparado conmigo, pero cuando bailas te vuelves grande, tan corpulento.

Bailo Contact contigo porque me encanta sentir la emoción. Perder el equilibrio y saber que tengo que tener las habilidades para salvarme cuando sea necesario. Vivir y jugar con las fuerzas físicas al mismo tiempo que nosotros, dos individuos, negociamos nuestro tiempo juntos. La emoción de vivir en la inestabilidad de la interacción humana.

Salto a través del espacio y vuelo horizontalmente para posarme sobre tu pecho. En lugar de pararte allí y atraparme, saltas para encontrarme, haciendo que mi cuerpo pivotee en el aire y giremos mientras caemos sin hacer ruido al suelo, que espera por siempre.

Bailo Contact para sentirme como un animal, deshacerme de todos los pensamientos, dejar de planear el futuro. Vivir en lo que me da cada momento, mantenerme al acecho, las glándulas suprarrenales a toda marcha aquí en la Sabana, el león se acaba de asomar.

Estamos parados de frente sintiendo el balanceo lento a través de nuestros cuerpos desde las plantas de los pies.

Vivo con este ideal, como un poeta que quiere escribir con la exuberancia y la profundidad de Shakespeare. Bailo con el ideal de ocupar el mismo espacio que tú. No solo compartir el mismo tiempo, sino estar donde está tu cuerpo en este momento. ¿Cómo hago esto? ¿Me abro camino? ¿Me vuelvo poroso y me fundo con tus células? ¿Encuentro el portal más pequeño que existe y vierto mi materia fluida a través de esa abertura?

Aún no lo sé, pero año tras año, década tras década sigo buscando esa consumación en la danza. Algunas veces se siente sexual. Con más frecuencia se siente sagrado, como la fusión y la disolución definitiva en lo inconmensurable.

E*stoy parado con las rodillas dobladas. Estás arqueado hacia atrás, tu hombro está en mi cadera. Me doy cuenta de que si salto desde aquí te traeré conmigo y estarás parado conmigo sobre tu hombro. Conozco tu habilidad para cuidarte en cualquier lugar y en cualquier momento. Salto. Para la sorpresa de ambos, corres por la habitación y estoy sobre ti con el viento pegándome en la cara.*

Nuestra danza se convierte en el prisma a través del cual experimentamos la vida desde nuestras entrañas, sin pretensiones de construir un imperio, más cerca del pulso corporal del corazón y los intestinos y la linfa, y de nuestros lazos de sangre con las estaciones y las mareas.

M*ientras corremos juntos por el salón, nos turnamos para volar haciendo un arco inferior que termina en las caderas del otro.*

Nos apartamos de lo arquetípico, de vivir por los ideales y de ser los defensores de la virtud; ya no se trata de batallas entre los dioses. Por todo eso, como en los mundos mitológicos, nuestra danza es generosa. Somos premiados con una abundancia de imágenes, encuentros y un toque sensacional.

. . .

Estamos cayendo una y otra vez el uno sobre el otro, sorprendiéndonos cada vez por el lugar donde terminamos. A veces nos embelesamos con rodar. A veces nos caemos sujetándonos del punto de apoyo más estrecho del acantilado, yendo en un viaje que se extiende hasta la próxima vez que caemos.

Bailo Contact por el puro placer continuo de moverme con otros cuerpos, sintiendo su espíritu mientras depositan su peso en el mío, mientras vierto mi peso hacia ellos. El aroma de mis parejas cuando los veo a los ojos y reconocemos la humanidad del otro; la sensación de que esto no es solo una afición, un baile social, sino una forma de reconectarse, de encontrarnos con un madurez capaz de gozo ininterrumpido.

Estás parado a casi una cabeza de distancia de mí. Me siento seguro volando en el aire hacia tu dirección, sin saber qué va a pasar.

Bailo Contact contigo para sentir lo que es volar como un halcón, nadar como una nutria, luchar con leones cachorro, arrastrarme como una babosa, flotar como un colibrí, ser perseguido como un ciervo. Para sentir lo que es acechar a una presa, dormir en una roca después de mudar de piel, salir de mi crisálida para secarme y extender mis alas por primera vez.

Nos chocamos repetidamente hasta que caemos entre un cúmulo de risas.

Bailo para conocer las historias de mis parejas. ¿Qué me dicen sus tendones, su disposición para dar apoyo, para distraer, para llegar, para contener? ¿Y qué historia estamos creando nosotros ahora?

. . .

E stamos espalda con espalda, sintiendo el apoyo del otro.
Uno de los aspectos más dolorosos de esta forma es admitir constantemente que no sé, no lo tengo todo resuelto. A veces es aburrido, no estoy satisfecho, quiero más, quiero menos, siento que no te encuentro como debería, prefiero estar en otra danza. Estás demasiado sudado, pareces distraído, eres demasiado manipulador.

Eres el espejo de mi existencia; la misma obstinación inconsciente que llevo a la danza, la llevo a mi vida. Contigo, con cada pareja, puedo ver un reflejo tangible y a veces inesperado de cómo vivo todas mis relaciones.

Me meto en este pulidor de rocas contigo, nos topamos para que mis superficies afiladas se suavicen. Entonces, las gemas escondidas en el interior empiezan a asomarse.

A mbos estamos dando vueltas alrededor de nuestros propios centros. En la medida que coincidimos, nuestros traseros o nuestras manos se van encontrando.

Contact Improvisación es como un pozo artesiano. El agua es inagotable una vez que la encontramos. Algunos días uno tiene que buscar la fuente del manantial otra vez, pero una vez desenterrada, calma, nutre, aclara.

Después de reflejar nuestros juicios, nuestros deseos, nuestras limitaciones, la danza trae nuestra atención a un lugar de quietud. Después de seducirnos, darnos masajes, desafiarnos a aceptar quiénes somos ahora en el presente, una quietud aún más profunda aparece. La tierra nos respira.

Llega un momento de aceptación, de vivir en la textura actual de la sensación y la interacción y el movimiento, excepto que estamos en el ojo del huracán, a gusto, permitiendo que todo lo demás de vueltas.

N*os empujamos, nos agarramos, nos enfrentamos entre nosotros. Nos acostamos y nos ayudamos.*

Bailo Contact porque soy un ser sexual. Bailar con hombres me hace sentir orgulloso de ser hombre. Siento la fortaleza de mis compañeros, su sudor cuando nos empujamos entre nosotros me da certeza que puedo ocupar un lugar en este mundo.

Y cuando bailo con mujeres, percibo sus aromas, puedo experimentar una danza que proviene del éxtasis. Sentir que las células se llenan de vida, saber que soy parte del vínculo entre generaciones -que mi sexualidad está conectada a algo más grande que yo.

Y aunque vuelvo a casa con esa única mujer, cuando bailo me siento atraído por muchas.

E*stamos surfeando los cuerpos de los demás en el piso.*

Bailamos Contact porque es una forma sin acabar. No es una coreografía de la que dependemos, sino una serie de principios que te necesitan a ti y a mí para perfeccionarse. Somos el punto final.

N*os movemos hacia la quietud, nuestras panzas se relajan en el suelo.*

Es tarde en la noche en el jam en Potsdam. Hemos bailado largo y tendido y los dos estamos vacíos.

Es como si hubiésemos caminado durante un largo día y finalmente nos dejáramos caer al suelo. Después de un rato en la cima de la montaña, nuestros ojos se enfocan en el césped que tenemos frente a nosotros. Notamos que el mundo se está moviendo. Saltan a nuestra vista flores más pequeñas que las cabezas de un alfiler, y un ecosistema de criaturas de 4, 6 y 100 patas pasan su día recolectando comida, apareándose, construyendo casas, arrastrándose, excavando, esperando.

En nuestra danza, cuando disminuimos la velocidad, nos volvemos miopes, descubrimos universos de vida. Apenas unas pulgadas revelan ecosistemas completamente nuevos para profundizar. Sintiendo el punto de contacto. ¿Que hay aquí? ¿Puedo reducir la velocidad lo suficiente como para sentir tu respiración, tu pulso, tu historia? Con esos detalles que acaban de ser revelados, nuestra danza cobra vida una vez más.

E*stamos rodando el punto de contacto por los cuerpos curvilíneos de los demás.*

Bailo Contact porque no he respondido la pregunta: ¿Por qué? ¿Por qué estoy vivo? ¿Por qué existimos aquí en nuestro cuerpo? ¿Por qué tenemos que morir?

Bailo Contact para que los momentos de la vida se vuelvan tangibles; nuestra combinación de tejidos es motivo suficiente. Puede que no tenga las respuestas, pero bailo expresamente las preguntas.

D*e nuevo, mientras bailamos, nuestros rostros están goteando lágrimas.*

Cuando hacemos Contact, lo que hacemos es tan simple. Nos encontramos físicamente y vemos hacia a dónde vamos. Eres un rompecabezas de patrones de movimiento y posibilidades que se encuentra con mi colección de caminos y deseos. ¿A dónde vamos juntos? ¿Cuál es nuestra danza en este momento de este día?

Sin embargo, envueltos en esa simplicidad cautivadora hay mundos de emociones indomables, contacto crudo frente a frente, momentos de ternura estremecedora y una euforia en los vuelos entre constelaciones.

Cuando bailamos nada está oculto. Hay momentos en que te ves claramente reflejado en el otro, algunas veces es halagador, otras, chocante. Vivimos despiertos para tomar un aliento más de nuestras cortas vidas, bailando hacia la luz hasta la última vez que el telón se cierre.

14

BOSQUE DE ÁRBOLES ANTIGUOS
UNA MEDITACIÓN SIN RESERVAS ACERCA DE LA DANZA A MEDIDA QUE ENVEJECEMOS

Solía entrar rugiendo al estudio de danza y empezar a saltar desde las paredes –hasta que quedaba sudoroso, energético y efervescente. Entonces disminuía mi ritmo y me enfocaba en las sensaciones. Ahora, a mis sesenta años, entro deslizándome al estudio y comienzo lento, me sumerjo en la cerveza primero y luego voy llegando gradualmente hasta la espuma.

Las palabras "joven" y "viejo" nunca han tenido sentido para mí. Pero ahora aprecio la noción de envejecer, del tiempo pasando, y de los cambios en el cuerpo y en la actitud. Vivo con más limitaciones físicas que hace diez años, cuando tenía más limitaciones que veinte años atrás. Solía identificarme mucho con mi habilidad física y mi agilidad. A medida que éstas han disminuido, he tenido que ajustar la imagen que tengo de mí mismo. Y he tenido que retraer mis deseos –es probable que nunca vuelva a hacer ese salto mortal hacia atrás.

Cada uno de los bailarines mayores a quienes respeto ha abierto su propio camino. La imagen de los cuentos del Rey Arturo me viene a la mente –"Cada caballero saldrá y se adentrará en el bosque por donde no hay sendero". Bailarines como Remy

Charlip –quien con su elegancia trajo a la danza la mirada estilística de sus diseños de vestuario. Anna Halpern superó los embates de lo popular, y descaradamente se adelantó una década de los demás. Bill T. Jones incorporó en su trabajo los bordes ásperos de la interacción humana y el cuerpo emocional. Steve Paxton lazó una piedrecita solo para después quitarse del camino de la avalancha que provocó. Cada uno de ellos ha abierto su propio camino.

En Viena, conocí al brillante bailarín Akram Kahn después de ver su unipersonal DESH. Hablamos acerca de envejecer como bailarines. Él dijo que antes le tomaba 45 minutos calentar para la presentación. Ahora le toma tres horas completas.

Cuando veo mis arrugas, las cicatrices acumuladas, la piel que no regresa de inmediato –comprendo una realidad. Cuando comencé a bailar cerca de mis 20 años, me sentía inmortal, convencido de que nunca envejecería... o me volvería anticuado. Viajé 25 mil millas pidiendo aventón, con el pleno conocimiento de que estaría a salvo y lo estuve.

Ya no atravieso el país pidiendo aventón–aunque, en ocasiones, pido aventón en mi localidad para volver a esa sensación del tiempo –esperando, sin saber quién parará, si serán tres minutos o tres horas. Ya no duermo en el piso o en futones, si puedo evitarlo. Prefiero un colchón –un colchón con *pillow top*. Y...oh dios –soy más anticuado. Tengo que mantener a una familia. Necesito cuidarme a mí mismo para poder cuidar de ellos. Aunque políticamente soy más progresista que nunca.

La resiliencia perdida significa que ahora no hay lugar para el error. Si me extralimito, pagaré por este error por un largo período de tiempo. Los caminos conocidos son más seguros, incluso si resultan menos interesantes. Lo más importante es entrar en un estado de fluidez que me permita tomar riesgos. Entrar en un estado de fluidez es el prerrequisito más importante para tener danzas gratificantes... incluso si significa invertirle tres horas.

A medida que soy menos imprudente con mi fisicalidad, me he vuelto también menos imprudente y más disciplinado con mis ideas y mi lenguaje. Ahora, cuando enseño, rara vez lanzo ideas solo para ver el efecto que tienen en las personas. Perfecciono más, de tal forma que lo que comunico tenga el respaldo de mi experiencia.

Mi visión de cómo enseñar ha evolucionado. Solía creer que necesitaba estar en el centro de todo para impartir una buena clase. Como mi cuerpo ha cambiado, ya no demuestro ni utilizo a una pareja tanto como solía hacerlo. "Enseñar" se trata de mostrarles a los estudiantes los caminos que hemos encontrado – mientras que "cultivar" bailarines se trata de ayudarles a descubrir sus propios caminos. Ahora el rol del "mentor" es más importante. Me veo a mí mismo nutriendo a futuros bailarines e intérpretes, y cultivando comunidades de bailarines. La paradoja es que mientras más me enfoco en otros y en comunidades enteras, más reconocimiento recibo.

Cuando los mejores bailarines jóvenes y prometedores saltan y rebotan por todo el estudio –siento algunas veces un dejo de envidia y pérdida. En general, ellos me mantienen en forma –me mueven a mantenerme en forma y comprometido creativamente para seguir teniendo algo qué ofrecer– para que el tesoro continúe desbordándose. Contact Improvisación es una forma magnánima. Permite que las personas bailen y enseñen a medida que envejecen. La forma no se basa en las habilidades de las personas, sino en afinar la búsqueda y la investigación de lo que es posible.

. . .

Cuando paso tiempo con personas de mi edad, noto una tendencia a quejarnos de nuestras dolencias. Lo hacemos incesantemente. Las limitaciones y el dolor de envejecer son reales, y hablar acerca de ello descarga parte de la frustración acumulada. Pero al hablarlo demasiado, las dolencias se convierten en la persona. Así que tengo una regla: Hablo de mis dolencias durante no más de seis minutos por día. Esto les da un lugar y, al mismo tiempo, me permite ser más que mi colección de limitaciones. Mucho más, espero.

Por un lado, soy idealista en cuanto a la idea de envejecer. En vez de considerarme más viejo, me gusta pensar que soy un árbol con más anillos. Y luego digo: ¿Qué clase de sandeces son esas? Envejecer es horrible. El cuerpo tiene menos movilidad, los órganos y músculos se hacen pedazos, vemos más el interior de los hospitales, perdemos energía, coraje, habilidades. Envejecer tiene que ver con la pérdida.

Sabemos que el barco se está hundiendo y todo gira en torno a la actitud que tomemos ante ese descenso. ¿Descendemos anestesiados, gritando o cantando? Extraño no preocuparme por mi salud, las noches largas, el exceso. Me complace saber que viví plenamente mi juventud. ¿Qué es eso que buscan los caballeros del Rey Arturo? El Santo Grial –la fuente de la juventud y de la vida eterna. ¿No es eso lo que la mayoría de nosotros quiere, en algún lugar de nuestro interior? ¿No es esa la razón por la cual las personas, en un inicio, se aventuran al adentrarse en el bosque sin sendero? A pesar que siento que he encontrado mi grial a través de mi trabajo, que he creado algo que vivirá más que mi propia vida, quiero ser joven... maldita sea.

Recuerdo tener unos veinte años y tener esa sensación de ser invencible. Viviría para siempre y además cambiaría el mundo. Ya no puedo decir eso. Hablar de envejecer nos enseña la humildad –exige confrontar esa pieza permanente en la vida de todos llamada mortalidad. Tarde o temprano, moriré.

Amo mi vida y cada año amo más la vida. Me siento bien con la mayoría de las elecciones que he hecho a lo largo de mi vida. He sido apasionado, honesto y he dedicado mi vida a ser fiel a mi musa, en lugar de a la cultura popular. No quiero que la vida termine –quiero ver cómo se desarrolla la historia– la del mundo, la de mi familia y la mía propia.

Mi cuerpo me ha dado una vida grandiosa; no quiero que termine colapsando lenta y dolorosamente. "Envejecer con dignidad" ese un concepto del que me han hablado. Creo que tiene algo que ver con aceptar. Y luego está Dylan Thomas en el poema a su padre: "No entres dócilmente en esa noche buena... enfurécete, enfurécete ante la muerte de la luz..."

Mi temor por la Tierra y la humanidad crece con cada año que pasa. Observo desde la ventana de mi estudio. Veo árboles. Es un vecindario tranquilo suburbano con senderos que van hacia un bosque al final de la cuadra. Estamos a poca distancia del centro del pueblo. Tenemos dos chimeneas y una piscina desmontable en un patio grande.

Vivimos el sueño americano. Tenemos nuestro castillo y nuestras tierras. Vivimos en un lugar seguro y maravilloso. Pero luego viajo y leo las noticias, y "allá afuera" el mundo es un lugar aterrador, lleno de sufrimiento, declive ambiental e injusticia. ¿Qué he hecho yo para cambiar algo de esto? ¿Qué estoy haciendo ahora? Si fuese completamente honesto en este momento, diría que a medida que envejezco siento más miedo del mundo que les estoy dejando a mis hijos.

Cuando era adolescente, nos dijeron que nuestra generación era la que podía marcar la diferencia –que estaba en nuestras manos.

Dios sabe que lo intentamos, y aun así el mundo está jodido. Quiero que mis hijos tengan las oportunidades para vivir al máximo de sus potenciales y su creatividad, y no al borde de la supervivencia global y personal. Me arrepiento porque no he hecho más por marcar una diferencia. Entonces habla esa otra voz –esta energía que estoy invirtiendo en lamentarme la podría estar usando para hacer algo en ese sentido justo ahora.

Una mañana, cuando andaba por los cincuenta, levanté una bolsa de concreto que se había solidificado. Hice todo como debía –me bajé, acerqué la bolsa a mi centro, la levanté desde las piernas– y aun así me dio un espasmo en la espalda que se sentía como si me estuviesen perforando para hacer una brocheta.

Me recosté inmediatamente sobre una compresa fría con mis piernas hacia arriba. Al día siguiente estaba peor y al siguiente aún peor. Lloré porque no podía ni ponerme mis propios pantalones y no quería pedir ayuda. Mi esposa me llevó al hospital donde me dieron antiinflamatorios, antiespasmódicos, analgésicos y me hicieron una resonancia magnética. Me dijeron que no debía levantar absolutamente nada, incluyendo a mi hijo pequeño o a sus juguetes.

Hubo buenas y malas noticias en el resultado de la resonancia magnética. No tenía discos herniados –podía seguir bailando. Pero tengo una enfermedad degenerativa en los discos, o una "espalda de anciano" prematura. El informe de la resonancia magnética incluía líneas como: "*Hay una ligera estrechez congénita del canal lumbar debido a pedículos cortos*".

Desde mi lesión, no me he visualizado bailando mucho –regularmente solía imaginar danzas que mantenían mi cuerpo en un estado con calor. Ahora, la idea de bailar parece lejana al acto de bailar.

Las veces que sí bailo, cada danza se siente como si hubiera recibido un indulto de último momento del gobernador. ¡He sido salvado! Bailar se siente tan revitalizante. Con cada dueto saboreo la euforia, la develación personal y el gozo de relacionarme con otras personas en esta forma. He renovado mi compromiso de encontrar nuevos caminos a fin de poder bailar incluso cuando el cuerpo se torna menos hábil. Quiero hacer el trabajo ahora, ponerme a mí mismo en una trayectoria que me mantenga bailando y experimentando el éxtasis de Contact Improvisación.

Pero tengo miedo –no tanto a que envejecer me prive de bailar– sino a perder mi sustento para vivir. Me apasiona enseñarles a las personas a bailar. Esto me permite viajar, ver el mundo, conocer personas y aportar algo a sus vidas. Si no enseño, ¿cómo voy a mantener a mi familia, con siquiera la mitad de satisfacción y deleite? La idea de trabajar de 9 a 5 me llena de terror. Eso no es lo que quiero mostrarles a nuestros hijos. Quiero que ellos vean a su padre comprometido de forma creativa y siendo recompensado, no por su duro trabajo, sino por su desarrollo, creatividad y conexión con una comunidad.

Recuerdo un panel de bailarines profesionales hablando acerca de dinero y de envejecer. El tema creó una ola de ansiedad. Una bailarina, Keriac, dijo que cuando ella ya no pudiera trabajar, su póliza de seguro de retiro sería quitarse la vida. Esto fue impactante para muchos. Más tarde, ella confesó que aunque había pensado esto por años, en este momento no se suicidaría ya que sería demasiado hiriente para su hija –ahora adulta. Ella estaba angustiada acerca de qué hacer ante la realidad de estar más cerca de sus años de retiro.

Me entristece que nuestra cultura ofrezca poco apoyo para las artes. Esto hace que seguir adelante y brillar sea tan difícil –especialmente cuando tenemos que considerar detalles como los servicios de salud y el plan de retiro. Pero, por otro lado, en países donde hay más fondos para las artes, percibo que de alguna manera el espíritu artístico se enfría. Cuando vives en un ciclo de obtener una subvención para vivir durante una mitad del año, y recibir un seguro de desempleo la otra mitad, un cierto grado de indignidad acompaña este estilo de vida. Con todo eso, cuando hay poco apoyo para la danza y las artes, hay cierto endurecimiento del espíritu con tal de perseverar.

El cuerpo tiene sus propias pérdidas que necesariamente acongojan, pero hay otra pérdida que viene de vivir en una cultura enfocada en la juventud. Sé que como hombre solo siento una pequeña parte de esto. He escuchado de muchas mujeres mayores que cuando una mujer pierde su aspecto, de alguna manera ya no es vista; es vista por encima, no es consultada. La atención pasa a las jóvenes. Si una bailarina mayor no está en el papel de "maestra experta", tiene que trabajar muy duro para que la vean y la noten.

Me he dedicado a ver a atletas mayores cuando compiten. Personas de 70 y 80 años jugando tenis, baloncesto, voleibol y otros deportes. Me siento en la orilla de la cancha y los observo con una pregunta – ¿qué necesito hacer a fin de poder bailar al máximo cuando tenga su edad? ¿Qué pasos puedo dar ahora para seguir esa trayectoria?

He notado que sus cajas torácicas tienden a endurecerse y esta limitación conduce a una menor movilidad del cuerpo en general. Así que parte de mi entrenamiento es ponerle atención a una caja torácica cada vez más liberada. Considero esto como mi práctica, mi entrenamiento de "*dōjō*".

A menudo me sorprende la vitalidad y la intensidad con la que estos atletas salen de la cancha. He participado en numerosas conversaciones donde se quejan de sus padecimientos actuales. Esto a menudo es acompañado con su gratitud al ibuprofeno para el dolor muscular y a los brebajes de hierbas para el dolor articular. Escucho con atención. Mi intención es unirme a este clan.

Aún encuentro placer en las danzas llenas de adrenalina, aquellas en las que a veces me encuentro moviéndome con la cabeza debajo de mi pelvis y mis pies en algún lugar en el aire, sin estar completamente seguro de lo que vendrá después. Pero junto con este placer reconozco que tengo menos resiliencia y menos espacio para ser imprudente. Para tener ese tipo de danzas de una manera segura, estoy aprendiendo que necesito bailar con menos musculatura. Estar *preparado* para este tipo de danza de alto rendimiento y potencialmente con mucha energía significa estar dispuesto a emplear menos esfuerzo y voluntad.

En vez de usar el músculo cuando estoy bailando con alguien que propone mucha vitalidad, trato de desarrollar un cuerpo que sea poroso, como una esponja viviente debajo del mar. Las fuertes corrientes mueven a la esponja pero también pueden atravesar su interior permeable.

Me sorprende que hasta el momento mi investigación acerca de la danza a largo plazo no ha sugerido más control, sino un cuerpo más atento a las posibilidades del poco esfuerzo del abandono.

A medida que envejezco, es más fácil estar inmóvil. Mi capacidad para notar detalles y matices aumenta. Puedo sentarme en la naturaleza y estar solo por períodos más largos. Tiendo menos a ser creativo, a entretener, a buscar elogios. Puedo recostarme y observar un metro cuadrado de suelo en un bosque, viendo capas y capas de vida sin que me dé vergüenza.

Me siento menos motivado por mis hormonas. Aunque algunas veces extraño la energía que el aumento de libido traía a mi vida. Ahora eso no es lo que me mueve. Me encanta mi sexualidad y me complace que he tenido un lienzo maravilloso sobre el cual expresarla. Ahora, me siento menos impulsivo y el acto de disolverse al hacer el amor abarca mucho más.

Cuando bailo, traigo cuatro décadas de investigación corporal que informan al movimiento. Cuando estoy en un dueto, puedo no ser tan imprudentemente acrobático, pero puedo crear un sentido de escucha en mi cuerpo que sea contagioso.

Extraño la habilidad para hacer un *split* completo o para caer desde muy alto. Lo que no extraño es la baja autoestima y el parloteo que solían exasperarme parte del tiempo. No estoy diciendo que mi flexibilidad se haya ido completamente, y ciertamente no estoy diciendo que el parloteo haya desaparecido, pero ambos han disminuido con los años.

Creo que perdemos el 1% de nuestras habilidades físicas cada año. Sin embargo, cada año tenemos la posibilidad de ganar 1% más de consciencia de los matices. La pérdida es automática. La obtención de los matices debe cultivarse. La pregunta es: ¿elegimos dar la atención necesaria para tener este súper poder adicional?

¿Qué hay del legado? La danza es efímera. Cuando una persona crea una película o una obra de arte, ésta sale al mundo acompañada de un nombre ya sea en los créditos o pintado en la esquina del lienzo. Cada danza muere cuando nace y sólo envía una ondulación decreciente de lo que alguna vez fue. Una danza puede cambiarnos y la resonancia puede perdurar, pero no queda impresa. Mi legado continúa a través de mis escritos y, en cierto modo, a través de mi enseñanza, pero incluso éstas son efímeras.

Algunas veces escuchamos acerca de las bellezas de la vejez –pero he notado que la vejez que es bella es aquella para la que una persona se ha preparado al vivir una vida hermosa. Cada uno de nosotros, cualquiera que sea nuestra edad, se está preparando ahora para la vejez. La belleza y la riqueza de nuestras preguntas al final, determinan la belleza y la riqueza de nuestras vidas.

PARTE II

APUNTES SOBRE LA ENSEÑANZA DE C.I

INTRODUCCIÓN

PERLAS ENCONTRADAS

Hay casi tantos estilos de enseñar Contact Improvisación como maestros. Tenemos tanto que aprender los unos de los otros.

Ochenta y un maestros de Contact de veinte países asistieron a ECITE (2005) en Viljandi, Estonia. El grupo se dividió en grupos más pequeños de co-facilitación en los que trabajamos juntos todas las mañanas durante la semana. El grupo con quienes yo enseñaba comprendía once nacionalidades y yo era uno de los dos que hablábamos inglés como lengua materna.

Como todos los ECITE anuales, entre todos los del grupo reuníamos décadas de experiencia en la enseñanza. Durante este evento, dirigí una estructura llamada "De granos de arena a perlas". Alguien hacía una pregunta sobre su manera de dar clases: algo irritante que hubiese persistido a lo largo de los años, un grano de arena en su vida como maestro. Si alguien en el grupo tenía información o experiencia sobre ese tema, una perla para ese grano de arena, lo hablaban o lo demostraban. A menudo se ofrecen muchas perlas para cada grano.

En este grupo tuvimos preguntas como, "¿Cómo les enseñas a bailarines pequeños levantar a bailarines más grandes?" "¿Qué haces cuando tienes un estudiante de quien todos huyen cuando pides que busquen una pareja?" "¿Qué medidas tomas cuando hay un agresor sexual en tu clase?" "¿Cómo tratas al estudiante que habitualmente alecciona a sus compañeros?"

Cuando los maestros se reúnen en intercambios como ECITE, hay un desborde de conocimientos y experiencias que se combina con la generosidad característica de nuestra danza.

Esta sección de "Perlas encontradas" no es una "guía práctica" para maestros. Más bien, aquí encontrarás notas de investigación para la enseñanza que han sido recopiladas de eventos como ECITE, de mi propia enseñanza y de conversaciones telefónicas a altas horas de la noche con maestros de todo el mundo.

Espero que quienes enseñan la forma (y los maestros en general) y los que están considerando enseñarla, encuentren aquí tesoros que les sean útiles en su exploración en la transmisión de los principios de Contact Improvisación.

16

¿QUIÉN PUEDE ENSEÑAR CONTACT IMPROVISACIÓN?

Saber cuándo estás listo para enseñar

¿Quién puede enseñar Contact Improvisación? No hay una institución que nos avale. No se entregan grados o cinturones negros. Nadie aparece con una varita mágica y nos glorifica con su bendición.

¿Cómo sabemos cuándo estamos listos? Ya que observo que enseñamos y le damos forma a una *investigación personal,* en lugar de a un conjunto de técnicas, siento que cualquiera que esté en una investigación activa y comprometida sobre la forma puede enseñar.

Si alguien sabe el alfabeto de la A a la P, pueden enseñarlo hasta la P. Si son honestos consigo mismos y con sus alumnos, y no intentan enseñar T, U y V, enseñarán una clase de danza segura, especialmente porque las primeras diez letras o más del alfabeto tratan sobre aprender a suavizar y estar seguro.

Es cuestión de que cada persona enseñe a su nivel de investigación. Los estudiantes aprenden de los maestros que se ponen en un estado de pregunta y luego transmiten ese estado.

. . .

¿Quién decide?

El mercado tiene una manera de decidir quién enseña. Cuando una persona decide independizarse y nombrarse como maestro, ¿aparecen estudiantes, regresan? ¿Les hablan de los festivales para que vayan a enseñar?

Guiar a los estudiantes para que sean maestros

Puedo notar a más maestros guiando a sus alumnos para que asuman el rol de enseñar. Invitan a los estudiantes a dirigir los ejercicios de calentamiento y que los asistan en las clases. Estas invitaciones están creando un sistema informal de acompañamiento, donde las búsquedas tanto del alumno como del maestro se apoyan entre sí. Los estudiantes más jóvenes y más atléticos que asisten apasionados por la forma, empujan a sus guías a mantenerse al filo de su creatividad y corporalidad.

Regularmente invito a estudiantes especialmente comprometidos a que me ayuden. Durante la clase, a veces hago a un lado a mi asistente y le pregunto: "¿Qué harías después?", "¿Qué necesita este grupo?" Sus respuestas a menudo cambian lo que tenía previsto con el grupo.

Una vez, le pregunté a mi auxiliar a dónde debíamos ir y él respondió: "Guíanos en una de esas cosas que nos introducen en la danza sin que nos demos cuenta". Otra vez, mi auxiliar dijo: "Veo todas las pelvis separadas: Necesitamos reunirlas". Le pregunté qué haría para que eso pasara. Su respuesta fue tan atinada que le pedí que enseñara la siguiente parte. Este acompañamiento apoya la forma.

Como maestro, uno de mis objetivos es que mis alumnos me superen.

Encontrar un mentor

Ahora por el lado contrario: ¿Quieres que alguien te guíe?

No hay una manera fácil de decir esto, no existe *un* mentor. Sólo existe la *fantasía* del mentor. Tendrás que convertirte tú en el maestro que deseas.

Y si sientes que has encontrado un mentor, en lugar de amarlo, ama lo que le apasiona. Esto te llevará a una decepción sustancialmente más pequeña cuando llegues al nivel en el que es momento de bajarlos de su pedestal.

17

EL PRIMER CONTACTO
GEOGRAFÍA DEL SALÓN DE DANZA

Al entrar en un nuevo salón de danza, lo que veo es un espacio grande con un piso amplio. Sin embargo, sé que cada espacio tiene líneas invisibles que demarcan y dividen la habitación. Estas líneas guiarán la ubicación de los estudiantes que ingresan en lugares específicos.

Hay áreas donde la gente va para que no las vean, áreas donde van a ser vistas y lugares que acogen la interacción entre todos. Como diré más adelante, algunos salones tienen lugares peligrosos específicos donde es más probable que ocurran lesiones. Los salones de danza tienen geografías ocultas que afectan nuestro trabajo.

Si hay un área con asientos o ventanas donde las personas pueden ver, es probable que una fosa se instale justo en frente y apenas algunas personas bailen cerca de ella. Luego, a menudo hay un área para los bailarines más extrovertidos. Pasando el foco de atención habrá lugares para ser menos visibles y también más íntimos.

Un salón de danza con espejos tiene una geografía psicológica muy parecida. Los maestros de formas de danza tradicional a menudo se colocan frente a los espejos (o el sistema de audio). Esto se convierte en el "frente" del salón. Los estudiantes con más habilidades se colocan después y la parte de atrás es donde están quienes no quieren ser vistos. Para mejorar este diseño, normalmente comienzo la clase enseñando desde el lado opuesto al "frente" del salón.

Si hay varias personas viendo una clase y una fosa comienza a emerger frente a ellos, les pido que se distribuyan en la sala para disminuir la sensación de bailar con público (a menos que estemos trabajando en eso).

Hay lugares del salón donde la emoción se puede expresar y mantener con mayor facilidad y seguridad. Esto es a menudo lo más alejado de la fosa. Procuro hacer los círculos para expresamos en esta área y así aprovechar lo que el salón ya nos está dando.

Es imperativo para mí observar aquellas partes del salón a donde rara vez voy o veo. Al ser consciente de ello puedo enseñarles a todos.

La geografía del salón de danza es como la geografía del cuerpo; tenemos lugares a los que no miramos, lugares que ocultamos y partes del cuerpo que pavoneamos y que llaman la atención. Al hacernos conscientes de esto y entrar en todos los lugares del salón, al descubrir el salón desde su esfericidad, nuestra conciencia se abre, y lo mismo ocurre en los cuerpos que bailan en el salón.

Entrar conscientemente a una nueva percepción del tiempo.

Solía llegar al estudio antes que a nadie y bajar el reloj. Quitar el reloj de la pared le da el permiso a nuestro tiempo de ser más flexible. Pero luego me di cuenta de que era útil que los estudiantes observaran la acción de alcanzar y retirar ese marcador del tiempo, ya que les permite reconocer que estamos entrando a una percepción más elástica del tiempo.

Rituales para llegar

Los maestros frecuentemente tienen un ritual para conectarse con el salón de danza. Esto ayuda a que el maestro se conecte y a santificar el espacio. Algo que podrían hacer es:

- Barrer el piso
- Ventilar la habitación
- Meditar
- Calentarse para bailar
- Tocar todas las paredes
- Revisar la lista de nombres
- Colocar flores o velas o un santuario.
- Recorrer el ámbito, toda la circunferencia del salón.

Estos rituales son excelentes para hacer antes de que lleguen los estudiantes, y algunos incluso son buenos para hacerlos frente alguno o todos los estudiantes.

Reconocer el trabajo que se necesita para llegar hasta el salón

Aprendí una lección de Ann Aronov sobre cómo están las personas el primer día. Puede llevar mucho esfuerzo atravesar la puerta, y para que los estudiantes estén allí por completo ayuda reconocer ese esfuerzo. Entonces, al comienzo de un taller o trabajo intensivo, dice algo como: "Ya hiciste el trabajo difícil: tomaste la decisión, hiciste el tiempo, pagaste el dinero y entraste al salón. El trabajo difícil ya está hecho, lo que queda por hacer es fácil, es como andar en bicicleta cuesta abajo".

Veo que las caras se relajan, los hombros se sueltan y escucho exhalaciones de personas cuando sienten que han reconocido su esfuerzo.

El círculo de apertura

Para ayudar a las personas a verdaderamente llegar al salón, a menudo decimos cada uno nuestros nombres, nuestra comida casera favorita y mostramos una posición que tengamos para dormir. La comida favorita despierta los sentidos y nos hace conscientes de nuestro abdomen. Mostrar la posición para dormir sugiere esa respiración relajada antes de dormir que conduce a una sensación de fluir. La posición para dormir es un detalle íntimo que a la mayoría de personas les resulta fácil de divulgar.

Otras posibilidades durante un círculo de apertura después de que digan sus nombres:

- Si pudieras ser un animal por un día, ¿qué animal serías?
- ¿Qué prenda de vestir, calzado o accesorio te hace sentir más como tú mismo?
- Muéstranos una parte de tu cuerpo que está llamando tu atención hoy.

Esto cumple varios objetivos. En el nivel más básico, nos permite asociar el nombre a algo sobre la persona. Es una estructura en donde a todos se les ve y se les escucha. Algunas personas tienen la necesidad de sentir que las han visto antes de participar en cualquier proceso de aprendizaje. Esto ayuda.

A medida que las personas muestran su parte del cuerpo, la mayoría del grupo siente esa parte en su propio cuerpo, y con eso damos inicio al calentamiento. También invita a las personas a reconocer los lugares vulnerables de su cuerpo que necesitan una atención y un cuidado adicionales mientras bailan.

Y me permite, como maestro, reconocer quiénes son estudiantes cenestésicos y quiénes son visuales según lo que cada persona haga con sus ojos y con su cuerpo cuando buscan la parte que nombrarán.

Honrar a quienes nos han precedido

Un recurso importante es el acto de invocar lo que he aprendido de mis antiguos maestros y parejas de baile. Algo alquímico aparece en el salón de danza en el acto de invocar y honrar a mis maestros y a las fuentes. Cuando nombras a tus maestros, creas un linaje. Conecta lo que estamos haciendo hoy, en este lugar, a un contexto más amplio, con los exploradores de la forma a través del tiempo y en diferentes partes del mundo. Cuando nombras a tus maestros, vinculas a tus estudiantes con la transmisión y asumen su propia investigación con más responsabilidad. Además esto demuestra humildad y respeto.

Invocar a mis maestros los trae al salón y pueden venir en mi auxilio. Esto me permite enseñar con más libertad. Y cuando invoco a alguien ya muerto, trae consigo un recordatorio de nuestra mortalidad y un sobrecogimiento envuelve el salón y la práctica.

Invocar nuestra mortalidad puede ser el recordatorio de muchas cosas para el maestro y los estudiantes. Una de las cosas que nos puede recordar es que la vida es demasiado corta para contenernos por temor a hacer el ridículo.

Historias grandes incapaces de contener

A veces, hay cosas que hacemos cuando enseñamos que no comprendemos por qué las hacemos. Me tomó años entender por qué a veces me gusta comenzar los talleres con historias como esta:

> Cuando vivía en el Empty Gate Zen Center en Berkeley, escuché a dos físicos cuánticos entrevistarse entre sí en la radio. Estaban hablando del espacio que hay en cada átomo. Es VASTO.
>
> Dijeron que, si eliminamos todo el espacio de cada átomo en cada hombre, mujer y niño en todo el planeta, la masa que quedaría cabría dentro de apenas una cáscara de maní. Sería un maní excepcionalmente pesado, pero TODOS cabríamos dentro de UNA sola cáscara.
>
> Un físico le preguntó al otro: "Si somos tan espaciosos en nuestros átomos, ¿por qué no podemos simplemente traspasarnos?". Su colega dijo: "Si tienes una red de pesca, no importa cuán grandes sean los agujeros entre cuerda y cuerda, no puedes pasar una red a través de la otra sin romperla".

Ahora me doy cuenta de la eficacia de esta imagen de átomos espaciosos. Los estudiantes llegan al salón a una primera clase con expectativas, resistencias y deseos en diferentes proporciones. Esta mezcla tiene un potencial abrumador que puede evitar que el estudiante esté presente y sea receptivo.

Algunos maestros invitan a las personas a entrar al salón y resuelven esta mezcla de anticipación dirigiendo la atención del grupo al detalle más sutil de la sensación, haciendo que todo lo demás se olvide. Algunos maestros usan el humor y otros, que los estudiantes interactúen de inmediato.

Otra forma de trabajar con este momento inicial de clase es ofrecer una imagen demasiado grande para caber en la imaginación. Mi experiencia es que la anticipación que las personas traen se siente minúscula ante una idea tan grande como el espacio en los átomos. Al ofrecer una imagen vasta, imponderable, ayudo a los estudiantes con sus expectativas, y espero que puedan ser más receptivos al material y a la investigación del momento.

El maestro debe estar en el aquí y ahora

El maestro es la persona que más importa que esté en el aquí y ahora. Siempre al menos una parte del calentamiento va dirigida hacia a mí. Cuando fueron las últimas elecciones presidenciales, estaba tan ansioso que me era imposible tumbarme en el suelo y sentir mi peso; me sentía demasiado movilizado como para quedarme quieto. Normalmente, le diría a la gente que se parara, que se sacudiera y que se moviera de un lado al otro, que temblara. Esto permitiría que yo (y nosotros) nos desprendiéramos del mundo exterior y entonces entráramos a un estado para bailar y aprender. Resulta que, la mayoría de las veces, lo que necesita el maestro aportará o al menos será útil para lo que necesitan todos para llegar realmente al salón.

Hablar inocentemente

Cuando un grupo se reúne por primera vez, el maestro

El primer contacto 157

ayuda a darle forma a la cultura. Podemos modelar la curiosidad, la relajación en torno al tacto y la generosidad.

Cuando llegamos a un grupo que ha estado trabajando juntos a lo largo del tiempo, es posible que hayan desarrollado códigos y convenciones de interacción que bloqueen la curiosidad y el aprendizaje.

Un enfoque para una cultura estancada es nombrar, con tono inocente, lo que está presente. A veces, el simple hecho de nombrar un comportamiento puede ayudar al grupo a superarlo.

En Bogotá, Colombia, fui invitado por el Ministerio de Cultura para facilitar un taller de Contact Improvisación con 22 de los maestros de danza, coreógrafos y académicos de la danza más importantes del país.

Este fue uno de los mayores desafíos de mi carrera docente. Aquí estaban los colombianos más destacados en todas las formas de danza: contemporánea, danza folclórica, hip hop, ballet, danza en la calle, etc... Estas eran personalidades ENORMES con una formación marcadamente diferente. Me advirtieron que muchos en este grupo tenían conflictos entre ellos.

El primer día, el Ministerio uso dos horas para hacer las presentaciones y luego me dio la palabra. Comencé diciendo:

> *"Me siento sumamente honrado por la invitación a trabajar con un grupo de cuerpos tan inteligentes. Leí todos tus CV anoche y me di cuenta de que este salón no es lo suficientemente grande como para albergar a personas de semejante envergadura".*

Se rieron porque esto es lo que muchos pensaban. Entonces dije:

"La única forma que esto funcione es que cada uno de nosotros hagamos el espacio más grande con nuestra generosidad".

Luego estas personas GRANDES encontraron el terreno para trabajar juntos partiendo del lugar de Contact Improvisación que tiene que ver con la generosidad. Al final de nuestro tiempo juntos, no solo bailaban muy bien, sino que también se recibían con un cuidado increíble.

Este es un ejemplo de mí, muerto del miedo, hablando inocentemente.

18

CONTENER EL ESPACIO

CADA DÍA ENTRAMOS DESDE UN LUGAR
DIFERENTE

Al igual que con la intimidad, cuando bailamos o impartimos clases, el camino para llegar cambia de lugar cada día. Un día, entramos por la puerta mirándonos a los ojos, al día siguiente el camino es invitar el juego, y el día siguiente es empezar lento y cuidadosamente. Qué frustrante y qué magnífico es que no podamos recurrir a lo que hicimos ayer.

No tener sentido

"Deriva" es una palabra que viene del latín y significa una desviación de una embarcación o navío de su verdadero destino o rumbo por efecto del viento, la corriente o en el mar. Si vamos a la deriva o deambulamos hacia un destino, el viaje va desde un solo plano a algo más tridimensional. A veces, dar clases (y bailar) es como los garabatos de un niño: no tienen sentido. No apresures estos momentos para ti ni para tus estudiantes. Al final no estamos enseñando una técnica; estamos moldeando cómo investigar una pregunta. Garabatea.

. . .

De dónde los maestros obtienen su autoridad

Mientras enseñaba en el *Festival de Danza Alternativa e Improvisación de Seattle (SFADI),* tuve la oportunidad de asistir u observar clases con diecinueve maestros diferentes. Me propuse reconocer y articular de dónde obtiene cada maestro su autoridad en la clase.

Identifiqué dos estilos principales que he apodado:

- Autoridad *seductora*
- Autoridad *alentadora*

Un maestro que *seduce* navega por un paisaje interior; se adentra en sí mismo y levanta surcos que pasan envolviendo a sus alumnos. Es más probable que un maestro seductor dé indicaciones sobre percepción. A menudo, presentan una idea o estructura flexible, luego el estudiante se convierte en la pieza que completa y termina el rompecabezas.

Un maestro que *alienta* proyecta su presencia y personalidad a todos los lados del salón y crea un contenedor que transporta a los estudiantes a una consciencia o habilidad que desconocían. Un maestro alentador a menudo comunica ideas completas. Los alumnos descubren dónde están parados al constelarse a sí mismos en su relación particular con el material. Es probable que un maestro alentador use la autoridad que viene de presentar el material en listas: "Hay tres tipos de caídas: 1) la caída en pliegue, 2) la caída rodando, y 3) la caída de filo largo...".

Es más probable que un maestro seductor cree un ambiente donde el estudiante descubre sus propias variaciones para caer al piso. Un maestro seductor otorga a sus estudiantes más autonomía y tiempo para la investigación personal. Un maestro alentador por otro lado, puede convenientemente llevar a sus estudiantes a universos y estados que no habrían descubierto por su propia cuenta. Un estudiante vuela como nunca antes por los aires cuando el maestro los guía con confianza hasta allí.

Supongo que un maestro excepcional dominaría ambos estilos de autoridad, pero observé que la mayoría de maestros demostraba una inclinación por uno u otro.

Como maestro que alienta, aspiro a (y envidio) la astucia de los maestros seductores expertos.

Confiar en nuestros estudiantes

¿Cómo confiar en nuestros estudiantes? Una forma es imaginar que cada uno es un fragmento: estar juntos nos permite ver un mosaico del todo. Confiar en nuestros estudiantes nos ayuda a ver el panorama general.

El testigo despierto

Mientras bailamos, somos testigos a través del punto de contacto. Una pareja de baile que está alerta nos anima, profundiza nuestra percepción sensorial; nos transforma. Algunas de las parejas de baile más maravillosas son aquellas que mantienen al testigo despierto para descubrir hacia dónde estamos yendo juntos. Lo mismo ocurre con un maestro.

Darlo todo

Escuché a una estudiante cuando salía de una clase en el Festival de *Contact* de Friburgo exclamando: "Esta maestra ama tanto la verdad que odia separarse de ella". Esto me hizo pensar que debía revelar todo lo que sé, que no debía contenerme.

Cuando bailes, pon toda tu atención en la danza, toda tu energía, tu entera presencia, como si fuese la última danza de tu vida. Lo mismo es cuando enseñas. Es como cuando hacemos el amor, y nos entregamos sin reservas, vaciamos todo lo que hay en el vaso y este se llena una y otra vez.

Ata y desata a la clase

Tira de las riendas y mantén a los estudiantes bajo control. Ofrece menos. Ve más lento de lo que se siente cómodo. Luego, cuando sueltas las riendas, los estudiantes avanzan por su propia voluntad y no necesitan ser "estimulados".

Regresar al material cuando es incómodo

Cuando volvemos a un solo tema varias veces con un grupo, puede ser como cavar un pozo. Al cavar en el mismo lugar, el agujero se hace más profundo, la luz de la entrada se aleja y se vuelve más oscuro. El suelo se vuelve turbio y nuestras manos se llenan de lodo justo antes de desenterrar el agua.

Es útil realizar una investigación sabiendo que existe la posibilidad de aburrimiento o ansiedad. Al modelar la tenacidad, hay menos posibilidades de que el grupo se rinda justo antes del palazo que desentierra el manantial.

Llegar a danzas rápidas y dinámicas

Uno puede llegar a una danza en las aguas bravas si agitas y revuelves el agua. Pero me parece que está más conectado, es más placentero y es más seguro llegar a las aguas bravas comenzando con la conexión que viene de los lentos ríos subterráneos de las sensaciones.

Puedo observar que los maestros expertos suelen usar la secuencia de lento-conectado a rápido-dinámico.

Darle lugar a la vulnerabilidad

Este es uno de los enormes regalos que recibí de mis primeros maestros de Contact, Charles Campbell. Él estaba dispuesto a nombrar sus sentimientos cuando se sentía vulnerable, ya fuera que se tratase sobre su vida o sobre el momento presente de la clase.

Entonces el grupo se prestaba a estar presente con su propia vulnerabilidad.

Cuando la confianza está presente

A menudo pasa que es en la tercera vez que nos reunimos o en el tercer día de un taller cuando las personas comienzan a confiar lo suficiente como para sentir y posiblemente expresar resistencia o enojo. Es una buena señal cuando las personas están dispuestas a entrar en conflicto con el maestro y entre ellos mismos. Demuestra que nos estamos poniendo cómodos y estamos siendo más honestos entre nosotros.

El bautizado como paciente

A veces, un estudiante es bautizado como el "paciente" de la clase. La gente corre para ayudarlo, y está pendiente de esa persona para la próxima ronda de angustia. Como maestro, puedo sentirme frustrado por esto, o puedo redirigirlo de tal forma que esta persona se convierta en el portal a través del cual otros pueden encontrar su cuerpo emocional y darle lugar a la vulnerabilidad.

A menudo, las personas se apresuran a ayudarlo ofreciéndole consejos. Como maestro, puedo redirigirlo diciendo: "¿Alguien más aquí ha tenido una experiencia similar?"

Lesiones

Contact Improvisación es una forma de danza atlética. Las personas ocasionalmente se lesionan o, más probablemente, reactivan lesiones antiguas.

Un momento delicado es cuando alguien se lastima en la clase. El primer sentimiento que surge alrededor de la lesión es vergüenza. Me aseguro que la persona reciba atención pero no que todo el grupo lo haga. También existe la vergüenza o el sentimiento de culpa y de responsabilidad de la persona que estaba bailando con la persona que se lastimó. Me aseguro de que alguien también se acerque a esa persona y le pregunte: "¿Y tú cómo estás?"

Cuando alguien se lastima, afecta a todos en la clase. Antes de finalizar, le pregunto a quien se lastimó si desea comentar sobre su estado como una manera de completar el ciclo.

A veces, el incidente puede reconstruirse para que las personas involucradas aprendan de él. Esto puede ser una oportunidad de aprendizaje para todo el grupo.

No deja de sorprenderme lo poco que nos lesionamos con la variedad de dinámicas que traemos a nuestras danzas.

Enseñar en comunidades con *jams* y sin *jams*

Antes de dar clases en un lugar nuevo, averiguo qué pasa con los *jams*. En las comunidades donde los *jams* son poco frecuentes, durante los talleres hay un apetito por bailar. En las comunidades donde hay muchos *jams*, hay un deseo por los ejercicios y el material.

Trabajar con multiniveles

Una pregunta inagotable es cómo trabajar con clases multinivel. Al trabajar con *estados* en lugar de habilidades, la diferencia de nivel en habilidades tiene menos impacto en el grupo. Es común que me sorprenda de cómo Kirstie Simpson hace esto. Crea un estado y, en ese estado, las personas sin importar su nivel bailan Contact Improvisación con naturalidad.

Clases con pocas personas

Para que una clase tenga la energía que requiere para auto-sostenerse, se necesita una masa crítica de ocho estudiantes. Cuando las clases son más pequeñas que ocho, lo hago más como una lección privada, donde me oriento hacia los deseos de quienes están presentes. Trabajo individualmente, o trabajan algunos en parejas mientras otros observan. Hago comentarios más directos y a menudo hacemos un masaje para terminar.

Trabajar con diferentes edades

En la conferencia de maestros, discutimos trabajar con diferentes poblaciones. Varios maestros habían trabajado con diferentes grupos de edades. Uno dijo que, cuando se trabaja con niños, es útil crear un mundo imaginario en el que juegan. Tenerlos en el campo donde tus compañeros(as) de clase son rocas para subir. Llevarlos bajo el agua y dejar que se conviertan en anguilas que se deslizan por el fondo del mar.

Con las personas de edad avanzada, hacer ejercicios que los hagan avanzar más allá de sus limitaciones, pero que respeten la condición específica de cada persona. "Levanten el brazo hasta el tope sin forzar. Desde aquí, tomen el brazo de su compañero y prueben si, juntos, sin forzar, pueden ir más arriba".

Con los adolescentes, introducir el tacto a través de tareas específicas. Toca el codo de tu compañero con el dedo. Empuja su brazo hasta que entren en una espiral.

Al trabajar con adolescentes, es importante averiguar quiénes son los "líderes de la banda" y saber sus nombres, y relacionarse y demostrar con ellos.

A la inversa también funciona; si un estudiante parece tener un estatus bajo o es la oveja negra en el grupo, el maestro puede ayudar a integrar a esa persona encontrando y reconociendo en lo que se destaca.

Sacarle provecho a la desobediencia

La desobediencia está incrustada en el ADN del Contact Improvisación. Esta forma es un imán para los rebeldes. ¿Cómo animas y utilizas esa desobediencia como una aliada al transmitir la danza?

Y, en cuanto a los estudiantes que tienden a la conformidad, ¿cómo transmites un sentimiento de rebeldía junto con la danza?

Aprendizaje diurno y nocturno

Cuando doy clases me gusta trabajar con la idea de mentalidad de día – mentalidad de noche. Durante el día, las actividades se inclinan más hacia la practicidad, el pago de las facturas, una habilidad específica. Por la noche, hay una tendencia hacia la metáfora, la emoción y la imaginación.

Tres pautas secretas internas

Tengo tres pautas secretas (que yo sepa hasta ahora). Estas pautas intrínsecas informan mis decisiones, la calidad de mis interacciones y el estilo de mis clases.

1. Estoy cultivando a mis estudiantes como futuros (o actuales) maestros de la forma. Esto aumenta mi curiosidad, respeto y expectativas hacia las personas con las que trabajo. Estoy atento a su potencial de informarme y enseñarme en el proceso.
2. Estoy buscando aumentar la capacidad de mis estudiantes para estar en lo no resuelto, en aquellos momentos en que no nos apresuramos a planificar una resolución. Al igual que cuando hacemos el amor, ¿cómo nos encontramos en el vértice, sin predecir la conclusión?
3. Estoy ampliando su capacidad de experimentar placer... en todas sus acepciones.

Tres pautas secretas de clase

Cuando enseño, me muevo en tres trayectorias:

1. Haz que cada momento sea atrayente.
2. Haz que el material sea acumulativo, de tal forma que al final de un taller, la gente baile como nunca antes.
3. Desarrolla las habilidades de investigación y de 'hacer

laboratorio' con otros para que la investigación pueda continuar durante años.

¿Cuáles son tus pautas secretas?

Inspirar

A veces, alguien dice algo, y se me queda pegado como rebaba.

Esto sucedió cuando escuché a Nancy Stark Smith hablar acerca de dar clases de Contact Improvisación: "No me esfuerzo por inspirar. Me esfuerzo por ser "inspirable".

Ve por la vida salvaje

Si caminas por senderos señalizados, es probable que veas a otros excursionistas. Si te subes al grupo de senderos paralelos merodeados y habitados por animales, tienes la oportunidad de observar más la vida salvaje.

He notado que algunos maestros son expertos en profundizar en los senderos paralelos, donde observan y revelan algo más oculto y salvaje.

Una pauta que ayuda desarrollar esta habilidad es: elegir un lugar en la naturaleza y pasar tiempo allí todos los días durante un año. Observa cómo cambia día a día y temporada a temporada. Observa cómo cambias tú.

Incertidumbre en mi enseñanza

La danza nos enseña que la inestabilidad conduce a la movilidad. Y una gran inestabilidad conduce a una movilidad exhilarante. Cuando mi pareja y yo perdemos el equilibrio juntos, cuando cada uno de nosotros renuncia al control de su centro, confiamos en que la fluidez de la danza nos llevará a un lugar inesperado.

Hay muchos enfoques para transmitir Contact Improvisación. En esta búsqueda de la no premeditación, me gusta hacerme la pregunta: ¿Puedo confiar en mí mismo para aceptar la incertidumbre en mi enseñanza?

19

ENCONTRAR EL MATERIAL

Crear material didáctico desde la danza

Hubo una época en que observaba constantemente que las extremidades colgantes de los bailarines experimentados topaban conmigo sin provocar ningún impacto. O que alguien caía sobre mí sin peso aparente. Me dio curiosidad de cómo estos bailarines conseguían moverse sin una masa palpable. A partir de esta investigación, se me ocurrió una serie de ejercicios que llamo la secuencia Algodón de azúcar. Se trata de llenar el aire con movimiento, moverse de forma colorida, pero también llenar el *movimiento* con aire.

Empezamos por tener la sensación de mover nuestros brazos con velocidad pero sin masa. Luego cerramos los ojos y balanceamos un brazo, y otra persona pone su brazo o cuerpo en medio de la trayectoria del balanceo. En el momento del contacto, quienes se mueven ablandan sus articulaciones, por lo que el impacto no pasa hacia la otra persona sino que va hacia su propio cuerpo y llega hasta el suelo.

El siguiente paso es hacer una inversión mientras que una persona se interpone en el camino de la patada. Investigamos cómo nuestro propio cuerpo puede recibir el impacto cuando el movimiento de nuestras piernas tiene una intención y encontramos un obstáculo inesperado.

A menudo observo que encuentro material para dar clases simplemente con notar lo que yo y otros inyectamos en la danza.

Formas de estar en contacto

En un encuentro de maestros, recopilamos palabras que describen formas de estar en contacto: acariciar, hilar, golpear, agarrar, tirar, fundir, señalar, imitar, empujar, morder, invitar, presionar, deslizar.

Cada palabra es un cofre de tesoros de material didáctico.

Hacer la ingeniería inversa de una habilidad para convertirla en un juego

Wendell Berry dice: "la corriente obstruida es la que canta".

Una forma de transmitir el conocimiento corporal es imponer limitaciones. Aprendemos sobre nuestros otros sentidos al trabajar con los ojos vendados; descubrimos la profundidad del punto de contacto al no dejar que el punto ruede; detectamos cómo expresar invitaciones a través de nuestro torso cuando no podemos usar nuestras manos para manipular. El uso de restricciones, obstáculos y obstrucciones son formas maravillosas de crear material nuevo.

Una técnica hábil para dar clases y una forma de crear juegos divertidos es elegir una habilidad e introducir su opuesto; aplicar ingeniería inversa a una habilidad en un juego mediante el uso de intenciones contrarias. Un ejemplo es hacer que una persona del dúo investigue rodar el punto de contacto en todas sus variaciones y profundidades; y la otra persona investigue una danza donde el punto de contacto (por la pura intención, y no bloqueándolo con los brazos) *no* ruede.

Transmitir habilidades a través de juegos llena de risas el aprendizaje.

Visión periférica

Una de las habilidades fundamentales que aprendemos desde el inicio en Contact Improvisación es entrar en nuestra visión periférica. Esto nos ayuda a comprender lo que está sucediendo en todo el salón. Esta habilidad lleva a una mayor conciencia, seguridad y mejor toma de decisiones.

Llamo a esta mirada suave la "mirada de avistamiento de ballenas". Cuando miras el océano en busca de ballenas, necesitas un enfoque suave para detectar cualquier movimiento inusual. Nuestros cerebros ven *movimiento* en nuestra visión *periférica*.

Tomarse el tiempo para desarrollar la habilidad de enfocar suavemente los ojos se traslada a un foco suave de la mente y del cuerpo que permite que se vislumbren más opciones de improvisación en el horizonte.

La danza y nosotros en nuestra cotidianidad

Cuando dices en un grupo, "Encuentren una pareja", es fascinante notar cómo reacciona la gente. Algunos de inmediato se dirigen directamente a la persona con la que quieren trabajar. Algunos miran a su alrededor para hacer contacto visual.

Algunos balancean su peso sobre sus talones, dejan caer sus barbillas y sus ojos y esperan que alguien los escoja.

A veces les pido a las personas que "encuentren una pareja" y en el siguiente instante detengan la acción y tomen consciencia de su reacción predeterminada a esta instrucción. Luego lo intentamos de nuevo, pero esta vez, invito a las personas a usar un enfoque diferente para que aumenten su repertorio.

Esta técnica de *detenerse* y *notar* nuestras respuestas predeterminadas es una forma poderosa de conectar lo que aprendemos bailando Contact y lo que podemos aplicar a nuestra cotidianidad.

Nuestra pareja de baile ideal

De la misma manera que cada uno de nosotros tiene una plantilla propia de su pareja ideal, tenemos un plantilla de nuestra danza de Contact ideal. Cuando deseamos empezar una danza, miramos alrededor del salón y de forma consciente o inconsciente contrastamos a las personas con esta plantilla.

Un ejercicio valioso es identificar y articular nuestros ideales en una danza. Esto nos permite ver a quién podríamos omitir porque no se ajusta a nuestro ideal, y posiblemente encontrar parejas de baile nuevas sorprendentemente compatibles. Identificar nuestra plantilla también hace que sea más probable encontrar una persona que pueda darnos la danza de nuestros sueños.

Los maestros de Contact trasladan su plantilla interna a sus alumnos. Ya sea encubierta o abiertamente estamos enseñando a las personas a ser nuestras parejas de baile ideales.

. . .

Poner material, sacar material

Los primeros días de un taller, pongo el material en los alumnos. Los últimos días, lo tomo de vuelta.

Si inicialmente trabajo en material aéreo, en la siguiente parte, haremos danzas espaciosas que inviten a las acrobacias espontáneas de la forma.

Al principio, el material viene de mí; al final, sale de ellos.

Cuando se enseña en estado vacío

(Entrada del diario: 15 de diciembre de 2003) Esta noche fue mi última clase del año. He viajado a Sudamérica una vez y a Europa dos veces. He volado más de 60,000 millas. Cuarenta y dos días de este año, seis semanas completas, un mes y medio, se pasaron como días de viaje en aviones.

Cuando empecé a enseñar esta noche, mi voz sonaba diminuta. Me había escuchado decir estas frases miles de veces antes: "Siente el suelo levantarse para sostenerte. Imagínate a ti mismo desparramándote en el suelo como una mezcla de masa para panqueques".

Una ola de terror surgió en mi interior. No quería enseñar desde un lugar repetitivo de la memoria. Tuve un momento de pánico, ¿habrán terminado mis días de enseñanza?

Entonces acorté mi visión, observé lo que estaba presente en ese momento. Estábamos tumbados de espaldas. Mi rostro estaba tenso, lo que nos llevó hacer caras y luego emitir sonidos, y luego a apretar todo el cuerpo con los puños, doblando los pies hacia atrás, tirando de las caderas hacia arriba sobre el piso, y luego soltándolo todo.

Esto dio paso al descubrimiento de un material que nos mostró que podemos quitar el peso de cualquier parte del cuerpo del piso o de nuestra pareja delegando el peso en las extremidades.

Al permitir que cada momento sea la semilla del siguiente, de nuevo aprendí que hay una reserva inagotable de originalidad y creatividad en el momento presente.

20

SECUENCIACIÓN (CON BRENTON CHENG)

Cada taller intensivo tenía asignado un secretario para documentar el material en el CI25, el 25° aniversario de Contact Improvisación en el Oberlin College.

Tuve la suerte de tener a Brenton Cheng como mi secretario. A continuación presento lo que él notó, junto con algunos de mis comentarios sobre la pedagogía, el material y la secuenciación.

Primer día de taller

Después de haber estudiado con Martin en varias ocasiones durante los últimos 3 años, inicié en este proyecto con las siguientes nociones de su enseñanza: trucos / juegos /objetos, imágenes exquisitas, fórmulas secretas, invocar al espía / bufón / hedonista, florecer en la adversidad. La clase comienza en el Wilder Dance Studio, un gran salón con luz natural y piso de madera...

Mientras continúas con tu calentamiento personal, me gustaría

Secuenciación (con Brenton Cheng)

que uses la imagen de la masa de pan que crece y se desborda del recipiente...

La mayoría de las personas permanecen inmóviles como bultos.

Dirige tu atención a cómo se siente el cuerpo cuando se dobla y se pliega. Observa la energía en potencia y la fuerza que aguardan en la profundidad de esos pliegues...

El nivel de actividad dentro de la clase aumenta. Esa respuesta voluntariosa de la clase le concede permiso al maestro para adentrarse aún más. Aparecen esporádicamente vocalizaciones por parte de los estudiantes.

Permite que los sonidos se incorporen a tu calentamiento.

Hay una explosión de sonidos en la clase. En los próximos 5 a 10 minutos de calentamiento, Martin va añadiendo información ocasionalmente.

Termina en una posición acostado del lado... Justo esta mañana leí que la razón por la que el corazón es capaz de realizar esfuerzo muscular durante toda nuestra vida es porque cada contracción viene acompañada de un momento de descanso.

Entonces, se me ocurrió comenzar con una siesta...piensa que todo el trabajo difícil ya está hecho. Tomaste la decisión de venir. Hiciste el tiempo. Conseguiste el dinero. Compraste el boleto de avión. Estás aquí ahora. El trabajo ya está hecho. Siente la gravedad succionándote. Siente cómo el piso se eleva para encontrarse contigo, dándote la bienvenida... imagina que ese es todo el esfuerzo que debes realizar durante la clase. No hay ningún lugar a donde tengas que ir. Suelta incluso la anticipación a moverte.

Martin comentó después que a menudo a los estudiantes les pasan dos cosas que se interponen con su interacción con el material: 1) inercia y 2) resistencia. La inercia se manifiesta en que casi siempre hay una parte del cuerpo que no quiere moverse. Al comenzar con una siesta, honramos esa parte y de esta manera esa parte se siente incluida en la clase. Esto permite que la persona esté presente con todo su cuerpo.

Antes de la clase, dos estudiantes le habían dicho a Martin que intentarían participar, pero que por el desfase de horario (jet lag) y otros factores podrían verse obligados a irse temprano. Martin respondió con ese ejercicio. Se quedaron durante toda la clase. (Tratamos con la resistencia más adelante.)

Pasan 5 minutos. Todos están acostados del lado.

Ahora, vierte tu peso muy despacio rodando por la espalda hasta el otro lado. Recuerda el recorrido que hiciste para llegar allí: qué inicia el movimiento, qué lo continúa y qué lo completa. Ahora regresa al primer lado, vierte tu peso sobre la espalda o el vientre, continúa moviéndote como si estuvieses adormecido.

Repiten esto unas cuantas veces.

A medida que continúes trabajando con el piso, nómbralo. Conviértelo en una presencia tangible para ti. Escoge un nombre solo por hoy. .

La próxima vez que ruedes, deja tus piernas lo más rectas posible en una postura donde puedas estar relajado(a).

Ahora, cuando estés sobre tu costado, encuentra el punto al borde del equilibrio, ese lugar donde estás a punto de caer boca arriba o abajo. Extiende ese punto hacia los lados y luego, sin planearlo, deja que tu cuerpo caiga como una sola pieza. Luego, utilizando el impulso de esa caída, rueda hacia el otro lado. Esta es la "caída" más cerca al piso que podemos hacer. Deja que la bajada sea ese impulso que te haga subir. Deja que sea emocionante. Deja que te sorprenda.

El lenguaje que Martin usa, a menudo, apela a las emociones. Le encantan las palabras "cargadas de significado" que son más que las

Secuenciación (con Brenton Cheng)

anatómicas / neutrales. Él dice que su estilo de enseñanza está basado en imágenes.

Nota la diferencia entre verter el peso, que fue lo que hicimos primero, y caer. Verter el peso tiene una cualidad de densidad fluida e implica un control del movimiento en cada punto. Caer tiene más que ver con el impulso y con soltar.

Repiten la exploración de verter / caer desde una posición sentada, de rodillas, en cuclillas y de pie. Cuando se introduce esta exploración, nadie podría imaginar que al final se explorarán otros niveles. A Martin le gusta revelar su diseño maestro a medida que avanza, sin hacerlo demasiado pronto. Sus clases siguen la línea narrativa de las buenas historias de suspenso.

Cuando demuestra los recorridos de verter/caer, utiliza profusamente sus brazos para entrar al piso, pero no los menciona. Más tarde, me dijo que sintió que no era necesario mencionarlos porque sintió que demostró con claridad cómo podían utilizarlos.

Explica muchos ejercicios demostrándolos, en lugar de describiéndolos. Luego dijo que demuestra cuando quiere que hagan algo específico, así los estudiantes imitan lo que han visto en la demostración incluyendo el nivel de energía, la actitud, etc. Cuando quiere que los estudiantes encuentren sus propias interpretaciones y variaciones, describe lo que quiere que se haga en palabras o demuestra lo mínimo necesario para comunicar la estructura del ejercicio.

Cuando caemos desde una posición de pie, podemos dirigir el movimiento desde diferentes partes: las rodillas, las caderas, el cuero cabelludo... estando a un nivel más alto, el número de recorridos hacia el piso incrementa y, por lo tanto, el número de opciones. Podemos doblarnos; podemos rodar; podemos extendernos, o podemos hacer la caída de filo largo, "caída de banana".

Cualquiera sea la que elijas, regálate la experiencia de caer. Mientras lo haces, susurra el nombre del piso en voz alta, el que le diste antes. Dilo con cariño.

La pieza del rompecabezas encaja: el motivo para nombrar el piso anteriormente. Añade este truquito de susurrar el nombre para suspender el momento de la caída, para prolongarla. Trabajan con este material por algún tiempo.

Ahora, camina por todo el salón. Observa quién está aquí. Nota lo que piensas de cada persona. ¿Quién te atrae? ¿A quién quisieras conocer mejor? ¿A quién ves y piensas "No, no no"?

Ahora, cuando te encuentres con los ojos de alguien más, ambos caen al piso.

Ahora, cuando te encuentres con los ojos, pon una mano sobre esa persona y cae con ella.

Ahora, dos manos.

Ahora, dos manos e inclínate hacia el lado opuesto.

Los estudiantes ahora están haciendo contra equilibrios mientras bajan al piso.

Ahora, dos manos y cae en la misma dirección.

La próxima vez que estés de pie, permanece de pie y sigue caminando. Mueve los dedos de tu mano izquierda. Tu mano izquierda ahora es una "varita mágica". Si tocas a alguien con tu mano izquierda, ella o él se plegará en torno a tus dedos, es decir, se borneará, y caerá al piso.

Lo demuestra. Cuando una persona lo toca, se acerca al punto donde los dedos entran en contacto con él, casi enroscando su cuerpo alrededor de la mano de su compañero mientras cae en espiral hacia el piso. La clase comienza a caminar de nuevo y trabaja con esta idea. La gente se la está pasando bien.

Si "borneas" a alguien, no alejes tu mano hasta que la persona llegue el piso.

Nota que algunas personas cuando sienten el contacto, querrán alejarse de ese punto en lugar de bajar alrededor de él. Ahora, continúen, pero pueden usar sus dedos mágicos para lanzar un hechizo borneador desde el otro lado del salón y hacer que alguien se bornee.

La gente se involucra. Mientras vocaliza, Martin sugiere agregar efectos de sonido y todos lo hacen.

Ahora, las "varitas borneadoras" son tan poderosas que, si te tocan, te elevan al aire antes de caer.

Toda esta secuencia de movimientos, comenzando por caminar por el espacio, es parte de un "mega-taller" de Martin comprimido en un tiempo cortísimo. Más tarde, dijo que aborda rápidamente muchas habilidades básicas y además establece una guía básica del material para la clase. Las personas se sienten más cómodas bailando juntas cuando saben que tienen esta base en común.

Después de unos minutos de la última variación (la "súper varita borneadora"), Martin disminuye el nivel de energía y los llama a todos a formar un círculo. Este es el círculo de bienvenida. Le gusta saltar directo a la acción antes de sentarse a hablar. Da la bienvenida a todos, dicen sus nombres y hace mención de la seguridad.

Un tema que me gustaría explorar durante los próximos 3 días es bailar en una esfera más grande, donde el espacio que nos rodea se convierte en un soporte tangible para nuestra danza... esta pregunta surge de una danza que tuve hace 2 años, donde comencé a sentir el sostén del espacio mismo. Hace poco me pregunté cómo podría enseñarlo.

Otra cosa que me interesa es cómo podemos llegar a la desorientación y al límite del control y tener las herramientas para manejarlo.

A continuación, Martin habló de la eficacia de verbalizar en una sola palabra temas de seguridad como "¡No!", "¡Para!", y "¡Atrás!" en los momentos en que un peso inapropiado se dirige hacia a ti. El grupo se tomó 10 segundos luego para practicar gritar estas palabras todos juntos. Esta sesión de gritos, me dijo Martin después, tenía dos funciones. Una era permitirles practicar usando las palabras. La otra era darle un lugar a la resistencia de estar en la clase o de participar para que se expresara. Anteriormente, se mencionó la inercia y la resistencia. A menudo, las personas tienen cierta resistencia a estar en clase, lo que puede ir en contra del maestro o de la disposición para aprender el material. Esta fue una forma de aprovechar esa energía, de aceptarla, de la misma manera que la siesta dio la bienvenida a la inercia en la clase.

Momento de practicar esquivar. Encuentra a una pareja. Esto será como un combate en cámara lenta. Uno de ustedes moverá su brazo lentamente en dirección hacia el otro. La segunda persona se agachará en la dirección del brazo...

Lo demuestra.

Si ves que algo viene hacia a ti y tú simplemente te agachas en línea recta, si te pega, el golpe todavía será con todo su impulso. Pero si te agachas siguiendo la dirección del objeto, la fuerza se reduce.

La clase explora esto en parejas.

El mayor desafío para la persona que hace el golpe es no flaquear en el último momento y desviarse de su curso con tal de evitar golpear a la otra persona. Para que tu pareja aprenda, tienes que ser despiadado...

Los estudiantes se ríen. Martin lo demuestra.

Una vez que te sientas cómodo con esto, puedes aumentar la complejidad escogiendo un nivel más bajo para dar el golpe, en lugar de optar por acelerar.

Ahora, continúa, pero la persona que se agacha puede permitir a penas un pequeño contacto con la persona que da el golpe, de tal manera que lo sigue durante solo un momento mientras pasa. A esto lo llamamos "fundirse".

Desde afuera, observo, en medio de los golpes, momentos increíbles y fugaces de danzas de contacto, todo a partir de un contacto muy liviano. Después sugerí que trabajaran más con estas danzas de puntos de contacto casi incidentales. Martin estuvo de acuerdo y anotó algo en su cuaderno.

Después de que la clase trabaja con esquivar y fundirse durante unos minutos, Martin desarrolla el movimiento. Les demuestra con una pareja cómo después de que esta persona haya atravesado su brazo, Martin puede esquivarlo y traer el brazo de afuera hacia atrás, hacia arriba y sobre el otro para alinearse con el brazo de su compañero(a) que está pasando y rodar el punto de contacto a lo largo de sus espaldas.

La clase entonces practica esto por unos 10 minutos. Martin interrumpe y agrega un elemento más, diciendo que después de que se haya establecido el punto de contacto, la persona que hace el golpe debe encontrar un camino para que los dos bajen al piso.

Martin demuestra con una pareja mientras ambos sostienen una linterna. Cuando una persona golpea, apuntando con su linterna, la persona que se agacha busca fusionar los haces de las dos linternas. A partir de este acuerdo, resulta más fácil redirigir la dirección y la intención de la persona que da el golpe.

Más tarde, me di cuenta de que, si bien esta última parte no tenía mucho que ver con el ejercicio de las habilidades de esquivar y fundir que estaban practicando antes, les daba un posible recorrido para integrar el vocabulario de esa habilidad en una danza. Hablando más tarde con Martin, llegamos a la conclusión de que, a menudo, cuando él enseña, los componentes del movimiento se ubican dentro del contexto de una danza, mostrando así los recorridos hacia o desde el movimiento que se está trabajando.

Agradece a tu pareja y luego encuentra una nueva. Vamos a trabajar en "succionar".

En este ejercicio, una persona está a cuatro apoyos. El otro se encuentra perpendicular en la espalda de la primera persona, con su espalda hacia abajo. Alternan entre ponerse a cuatro apoyos y levantarse, al mismo tiempo que permanecen "succionados" espalda con espalda. Para la persona en cuatro apoyos que se mueve hacia arriba, el secreto está en iniciar con los ojos, y Martin va a cada grupo, ayudando a la persona en cuatro apoyos para permitir que los ojos guíen el movimiento.

Después de trabajar en esto durante 10-15 minutos, Martin les hace regresar al esquivar y el fundirse. El ejercicio de succionar es una preparación para levantar con la parte baja de la espalda.

Martin luego agrega una palanca al ejercicio de esquivar y fundirse. Después de esquivar, lleva su brazo de afuera hacia arriba, lo pasa por encima para enganchar su axila por sobre el hombro de su pareja, lo que le permite deslizarse sobre la parte baja de la espalda de su pareja.

(Al observar este movimiento, me desespero ante la pobreza del lenguaje para describir tan complejo movimiento físico).

La clase ocupa más de media hora en practicar esta nueva combinación de movimientos. Martin pasa de grupo en grupo, dando sus apreciaciones concretas. Algunas personas necesitan ayuda para dar apoyo desde la parte baja de su espalda. Todos los grupos estaban concentrados en la tarea. Luego de un tiempo de práctica, la mayoría consigue el objetivo.

Ahora te invito a que empieces a bailar con otra persona jugando con dejar que tu cabeza caiga fuera del eje vertical moviéndote cerca y alrededor de la otra persona... permite que tus ojos miren alrededor... puedes jugar con la proximidad de tu pareja... deja que la danza vaya a donde sea... pero a veces, sorpréndete con tu cabeza fuera de la vertical.

Entran en dúos que incluyen muchas danzas de nivel medio y una facilidad para cambiar entre los diferentes niveles.

Empieza a buscar un final compartido.

Toma dos minutos para verbalizar con tu pareja. Dile tu nombre y algo inusual sobre ti.

Martin terminó llevando a todos de vuelta a un círculo. Cada persona presentó a su pareja diciendo su nombre y su característica inusual. Tiempo para comentarios. Las personas mencionaron que disfrutaron el enfoque evolutivo de la clase, los momentos de juego, la distinción entre derretirse (verter) y caer. Una de las personas tenía el deseo de trabajar más como un grupo completo, en lugar de solamente con otra persona.

A solicitud de un estudiante, terminamos acostados de espaldas, con las cabezas hacia el centro, mientras que Martin relató la secuencia del material que exploramos en la clase.

M*ás tarde, Martin dijo que gran parte del material que había presentado había salido de sus exploraciones y sus clases de las últimas semanas.*

Tenía la esperanza de enseñar de manera progresiva para que todos quedaran con la sensación de que podían hacer más de lo que hicieron la primera vez. Dijo que está convencido de enseñar a la persona con el nivel más avanzado en la clase; sin embargo, reconoció que se deben proporcionar los pasos que llevan a ese nivel de habilidad.

Esta clase respondía a un diseño maestro del cual no se despegó. Mencionó que, a menudo, prepara 3 clases con anticipación para, según desarrollo de la clase, estar preparado para llevarla en tantas direcciones como sea necesario. En esta ocasión, su plan original funcionó bien.

Últimas palabras

Algunos temas que se conectaron los tres días: abrir la parte posterior para sentir y ofrecer soporte, la curva de la columna vertebral y su relación con volar, liberar las piernas, encontrar apoyo en el espacio que nos rodea. Atravesando estos aspectos recurrentes, estaban los temas de investigación de cada día: Día 1) esquivar y fundirse, y verter versus caer; Día 2) rodar la parte superior hacia abajo y la parte inferior hacia arriba; y Día 3) moverse hacia el arco de atrás y trabajar en desequilibrio. Cada ejercicio se situó en el contexto de una danza, ya sea físicamente a través de secuencias de movimiento o verbalmente articulando su uso dentro de una danza.

Martin me dice que se siente medianamente satisfecho por los 3 días. Siente que dejó que el material se volviera tal vez demasiado importante, y no llegó a ir más a la improvisación en su clase. En cambio, se quedó más con el material que sabía que quería comunicar.

Martin enseña con un estilo orientado a las imágenes, sensorial, enfocado en la danza, provocativo y que encuentra en las emociones la base para el trabajo físico. Hay direcciones sorpresivas que se descubren en el momento y otras que se construyen con anticipación y cuidado. Esta experiencia de seguir las clases me ayudó a articular las cualidades que ya había sentido antes en sus clases, y para Martin, el proceso también le sirvió como un espejo a veces halagador y otras veces sorprendente de lo que sucedió en la clase.

21

HERRAMIENTAS PARA ENSEÑAR

El tren de la duda
Las imágenes pueden cargar con fuertes sentimientos de la gente y situaciones que surgen en la danza.

Me parece útil hablar sobre el "tren de la duda". Ofrezco la imagen de cómo este tren llega a menudo el tercer día. Puedes escuchar el silbato y el ritmo de las ruedas en los rieles a medida que se acerca: Chu cu CHU, Chu cu CHU, Chu cu CHU... acompañados de dudas y juicios a medida que avanzan por las vías férreas.

Es posible que, a tu manera, oigas venir la locomotora, arrastrando vagones de carga con sus voces de "No soy lo suficientemente bueno", "Nunca aprenderé esta forma", "Probablemente me romperé el cuello", "A nadie, absolutamente a nadie, le gusta bailar conmigo". O:"No hay nadie con quien quiera bailar", "¡Estas personas son TODAS unas insensibles!"

La imagen incluye la noción de que un tren pasa con regularidad. Si nos familiarizamos con su horario, podemos parar y saludar mientras pasa; no necesitamos subir a bordo; podemos observar hasta que la locomotora desaparezca en la curva.

El momento más común para que el tren aparezca por las vías es cuando estamos al borde de lo que conocemos. Escuchar al tren puede ser una buena señal porque implica que estamos en el umbral de descubrir algo más allá de lo que conocemos.

La imagen del tren es una herramienta para que el estudiante exprese y resuelva sus dudas. Es común que un estudiante le diga a un grupo algo como: "Ahh, hoy sí sentí al tren venir", y expondrán su problema utilizando la imagen. Hablamos y escuchamos sobre el tema. Entonces ya no es ni el individuo, ni el maestro ni el grupo quien tiene el malestar sino que es el tren el que soporta el peso.

Para los estudiantes, el tren es una forma de que se los escuche y se los tome en cuenta. La imagen les ayuda a desarrollar un autotestigo. La apertura y la vulnerabilidad ayudan a crear vínculos dentro del grupo. Luego, con más aprecio y confianza, el grupo continúa la investigación en la danza.

Cuando los estudiantes se marean

Algunos estudiantes se sentirán mareados o con náuseas cuando hagan algún material que incluya mucho rodar o mover la cabeza por debajo o por encima de la pelvis. Un remedio eficaz para el mareo es hacer que la gente camine por la habitación y mire los colores de los ojos de los otros.

Con quién demostrar

Cuando hago una demostración, por lo general trabajo con los estudiantes más hábiles para que obtengan un intercambio directo de cuerpo a cuerpo y no sientan como si invariablemente estuvieran dándoles algo a los estudiantes menos experimentados. Sin embargo, también trabajo con los que recién llegan a la forma, para que la clase pueda ver los pasos que debe seguir mi compañero para comprender de qué se trata lo que estamos demostrando.

Juegos de nombres y construcción de comunidad

Me gusta cómo las estructuras de nombres y las presentaciones ayudan a unir a un grupo. A veces nos ponemos en parejas y nos decimos los unos a los otros:

- Un detalle inusual sobre ti
- Un momento en que fuiste feliz
- Algo que deseas
- Una experiencia en la que tuviste miedo
- El momento en que te acercaste más a la muerte.
- El momento en que te acercaste más a la vida.
- Una vez que violaste la ley o una regla.
- Una mentira que hayas dicho
- Lo que te calma
- Un detalle sensual sobre ti
- Una comida favorita (en detalle)
- Un detalle sobre uno de tus padres.
- Tu clase de contact ideal incluiría...

Luego volvemos al grupo y presentamos a nuestra pareja con su nombre y lo que acabamos de aprender sobre ellos.

(Puedes encontrar más de 100 juegos de nombres y estructuras de "romper el hielo" en mi libro electrónico: *Etched in Your Brain Name Games (Juegos de Nombres que no puedes sacarte de la cabeza)*)

. . .

Formas de encontrar pareja

- Prenda de ropa del mismo color.
- Color de los ojos
- Largo del pelo
- Fecha de nacimiento similar
- Todos sostienen uno, dos o tres dedos y encuentran a alguien que tiene la misma cantidad de dedos
- Alguien con quien no hayas trabajado antes
- Todos se ponen de rodillas y levantan una mano en el aire. Cada uno encuentra a alguien cuya mano esté tan alta como la suya.
- Encuentra un compañero con el mismo (o diferente) tamaño de pie, tamaño de muñeca o tamaño de mano

Dar roles

Cuando tengo personas que trabajan en parejas, y quiero que cada persona asuma roles específicos, le pido a cada miembro del par que elija entre dos imágenes relacionadas. Algunos ejemplos:

- Orquídea o suculenta
- Pan de centeno o pan de harina
- Jade u ópalo
- O alguna variación regional dependiendo de donde esté enseñando, como los ríos Danubio o Rin

En lugar de decir persona "A" y persona "B", es más sugerente decir: "Río Amazonas, tu trabajo es explorar cómo rueda el punto de contacto"; "Río Nilo, tu trabajo es explorar una danza que no deje rodar al punto de contacto".

Estudiantes disruptivos

Cuando uno o algunos alumnos están interrumpiendo la clase, puedes emplear la técnica que usan los maestros de primaria: ir a enseñar desde la parte del salón donde se encuentra la interrupción. Tu presencia física a menudo calmará las cosas.

También me resulta útil hacer demostraciones con las personas que están llamando la atención.

El estudiante complicado

Solía imaginar que había un sindicato de estudiantes en algún lugar que se encargaba de enviar un estudiante complicado a cada taller. Este es el que todos rehúyen cuando dices: "Busquen una pareja". A menudo terminan trabajando con el maestro.

Cuando tengo un alumno difícil, ese que está saliendo constantemente, que habla TODO el tiempo en el círculo, que abandona a sus compañeros, que es crítico o agresivo, he descubierto que se tranquiliza cuando lo noto. A menudo demuestro con ellos para ver qué pasa.

Estrategias con estos individuos: haz que las personas trabajen en grupos pequeños, en lugar de en parejas, para diluir la experiencia con la persona. Usa formas de elegir pareja como "encuentra a alguien con el mismo color de ojos", que más que elección sea destino. A veces, elige a tu compañero antes de decirle a la gente que busque un compañero, para que tú, como maestro, no *siempre* bailes con el representante del sindicato estudiantil.

En los primeros días de esta forma, aparecieron más personas que viven al límite, gente dispuesta a probar cosas nuevas. Esto trajo a algunas personas vitales, pero con ellos llegaron individuos más radicales y complicados. Me parece que la afluencia de estudiantes complicados ha disminuido a medida que la forma se ha vuelto más popular.

Mejor momento para trabajar material aéreo

Hay una tendencia a que los estudiantes regresen después de comer y vayan directo al piso. Aquí es cuando hay azúcar latente en la sangre lista para usarse. Los juegos son una buena manera de llegar a la efervescencia.

Un poco en contra del sentido común resulta que el mejor momento para trabajar material aéreo es después de comer.

Cómo lidiar con el exceso de adrenalina

Cuando un león derriba a una gacela pero luego deja al animal vivo, sucede algo fascinante. Poco después de que el león se va, la gacela se levanta y se "sacude". Vibra, tiembla, tiembla y salta hacia arriba y hacia abajo para eliminar la adrenalina. Luego vuelve a pastar.

A veces, después de que enseño material con mucha adrenalina, como el aéreo, hago que la clase se sacuda la adrenalina. Saltamos arriba y abajo y temblamos y nos sacudimos. Entonces estamos listos para entrar a bailar sin exceso de adrenalina.

Instrucciones que profundizan la conexión

Mientras la gente baila, a veces les pido que incluyan tres tareas. Una tarea generalmente se relaciona con la forma en que percibimos el tiempo, otra tarea es la conexión con nuestro compañero y la otra tarea es hacer que la danza sea menos sagrada.

Estas tres tareas podrían incluir:

1. Encuentra un momento compartido de quietud.
2. En algún momento, mira los ojos de tu compañero.
3. En algún momento, pellizca a tu compañero (a menos que te pida que no lo hagas).

Al final, las tres instrucciones consisten en profundizar la conexión.

Avanzando un paso a la vez

A veces mi forma de enseñar es progresiva, con pasos que son tan pequeños que los estudiantes se sorprenden de cómo llegamos a un nivel de danza tan texturizada o acrobática. Si avanzamos un paso a la vez, no es necesario que aparezca la resistencia.

Luego, al revisar la clase, podemos seguir los pasos que tomamos para tomar consciencia de todo lo que hemos aprendido en el camino.

Sentarse en círculo

Cuando digo que vamos a reunirnos y sentarnos en un círculo, hay diferencias culturales en cuanto a dónde nos sentamos. En Auckland y Berlín, las personas se sientan con un espacio generoso entre cada uno. Los bostonianos se sientan un poco más cerca. En Montreal, casi no hay espacio entre las personas. En Buenos Aires, a menudo se sientan tocándose unos a otros.

Me gusta ver cómo se organiza un grupo naturalmente.

Al hacer un círculo, las primeras personas que se ubican influyen en cómo termina formándose el círculo. Puedo crear un círculo más estrecho o más amplio si reúno a las personas y luego soy de los primeros en sentarse en relación con los demás.

Una excentricidad estética

Esta es una peculiaridad personal. Cuando sé que estaré viendo a los estudiantes trabajar juntos en parejas o en grupos de tres o cuatro, les pido que se junten con personas que tengan una prenda de vestir del mismo color. Para mí, las personas que trabajan juntas en colores combinados son estéticamente agradables para ver.

22

TROPEZAR CON GEMAS

ESTILOS DE CONTACT

Haré una declaración impulsiva: hay DOS tipos de bailarines de Contact Improvisación.

1. El bailarín de los ríos secretos de las sensaciones: este bailarín sigue las vueltas y las curvas y los matices de la sensación dentro de su cuerpo como su motivación principal.
2. El bailarín libre como el viento: este bailarín disfruta de la adrenalina del desequilibrio, de estar invertido y de las danzas con velocidad.

Todos bailamos con ambas cualidades, pero he notado que casi todos tenemos una preferencia hacia la una o la otra.

Puedes saber cuál es tu inclinación porque lo otro se siente un poco demasiado íntimo. Si eres un bailarín libre como el viento, ir lentamente puede sentirse demasiado sexual. Si eres un bailarín de los ríos secretos de sensaciones, ir rápido puede sentirse demasiado íntimo en relación al nivel de confianza.

Soy un bailarín libre como el viento hasta la muerte que aspira a sumergirse en más ríos secretos en sus danzas.

Hay un tercer tipo de bailarín de contact que yo llamo el "escultor de montañas". Esculpen el espacio con sus cuerpos. Es más sobre la composición y menos sobre movimiento. Muchos de estos bailarines aprenden visualmente.

Confieso que es un desafío involucrarse con los escultores de montañas en las danzas. Me encanta el movimiento y siento que la composición se interpone en el camino. Incluso me atrevo a decir que... a veces dudo que estén bailando Contact Improvisación.

Los siete pecados de un maestro de Contact Improvisación (por suerte, no son capitales)

1. No hablar lo suficientemente fuerte para que todos puedan escuchar
2. Lamentar no tener suficiente tiempo
3. Decir: "Esto no puede ponerse en palabras"
4. Codificar el material
5. No aceptar su propia autoridad
6. No velar por sus propias necesidades y límites
7. Dejar morir su propio sentido de curiosidad

Otro pecado

Que un maestro se refiera a Contact Improvisación por su diminutivo "Contact Improv".

Esto es lo que a menudo hacen los medios cuando informan

sobre la forma. Es un misterio por qué los medios hacen constantemente cuando muy pocos de nosotros usamos este apodo.

Prácticas accesorias de Contact Improvisación

Cuando las personas preguntan qué pueden hacer fuera de Contact que sustente su danza, recomiendo cualquier cosa que desarrolle la flexibilidad, la fuerza y la soltura. Esto incluye masajes regulares y trabajo corporal. ¡Parte de nuestro entrenamiento y disciplina es recibir masajes!

Una forma de ampliar la confianza en nuestras habilidades para bailar es desarrollar fuerza general en todo nuestro cuerpo. Con frecuencia escucho a la gente decir: "CI no se trata de fuerza; se trata de trasladar el peso de tu pareja a través de tus huesos". Trasladar el peso a través de los huesos es una habilidad esencial que una persona aporta a la danza, pero ser fuerte aporta otros colores a la paleta del improvisador.

Cuando la gente me pregunta, a veces agrego, cualquier cosa que desarrolle tu imaginación, ligereza y una mayor capacidad de sensación y gozo.

Erecciones

Ocasionalmente, dentro o fuera de la clase, un estudiante traerá a colación el tema de las erecciones durante una danza. ¿Qué pasa si tengo una? ¿Qué pasa si mi pareja tiene una? En CI25, una maestra dijo: "Debido a que un hombre puede tener una erección estando parado en el fregadero de la cocina lavando platos, es mejor no sentirse demasiado ofendida o halagada si tu pareja tiene alguna tumescencia".

Si una erección está expresando que alguien se está aprovechando de la danza sin el consentimiento de su pareja, entonces hay algo que debe comunicarse o modificarse. (Hay mucho más sobre este tema en el ensayo: 101 formas de decir no a Contact Improvisación).

Abrir un espacio para discutir temas que emergen en esta danza

Al bailar con una proximidad física estrecha con los demás, nos acercamos a temas de sexualidad, violación, políticas de género, etc. En lugar de plantear estos temas, que puede ser como entrar en un terreno pantanoso, prefiero abrir el espacio para que las inquietudes surjan a su propio ritmo, a su propio tiempo.

Diferencias de género

En una edición anterior de este libro, había escrito estas dos anotaciones:

Contact Improvisación tiene una división bastante equitativa en cuanto al género, pero en la mayoría de los lugares que visito, hay más mujeres que toman posiciones de liderazgo en la comunidad. Es más probable que las mujeres organicen los festivales, organicen las presentaciones, traigan a los maestros invitados y se encarguen de los jams. Me pregunto, ¿por qué?

Cuando los grupos son de un solo género o hay una distribución equitativa entre ambos géneros son más divertidos y hay mucha más energía que cuando prevalece un género sobre el otro.

Si bien estas observaciones en general siguen siendo acertadas, en la última década, la identidad de género se ha vuelto más diversa, fluida y rica. Ver el mundo a través de una mirada binaria ya era complejo; ahora con tantos matices es más difícil generalizar. Esto me recuerda constantemente que tenemos mucho que aprender de los demás.

Moretones

Las personas que son nuevas en la forma se lastiman en lugares obvios, como los huesos de la cadera, las rodillas y los codos. Los bailarines más experimentados se lastiman en lugares inusuales, como debajo de la barbilla, en la axila o en las costillas. Como requisito de admisión, a veces estoy tentado de pedirles que envíen fotos de sus moretones :).

Cuando no estoy en mi mejor momento

Un día, enseñé una clase más o menos porque no me estaba sintiendo del todo bien. Un estudiante se me acercó después y al escuchar mis lamentos, dijo: "Un buen maestro no se conoce por lo bien enseña en un día bueno, sino por lo bien que lo hace en uno malo."

Los maestros **carismáticos**

Un proverbio chino habla sobre los maestros carismáticos: "Cuanto más grande es el frente, más grande es la espalda". Creo que tenemos una combinación saludable de respeto y escepticismo en cuanto a los maestros carismáticos en nuestra comunidad.

. . .

Tomar notas

A menudo les digo a mis alumnos: "Si recuerdas la clase, escribiéndola después es como tomarás la clase dos veces: las sinapsis se disparan de nuevo. Y en los próximos días o años, cuando estés enseñando, tendrás un cofre del tesoro de donde podrás adaptar el material y hacerlo tuyo."

Los antecedentes de Contact Improvisación

Los estadounidenses están tan sumergidos en el contexto en el que se creó esta danza que con frecuencia poco les interesa la historia o el entorno en el que nació CI.

Los europeos, los sudamericanos y los de otros lugares están ávidos de contexto. Tienen curiosidad por la historia y la genealogía del CI. Es más probable que compren la revista Contact Quarterly o mi libro de ensayos de Contact, incluso si el inglés no es su lengua materna.

Algunas cortesías y buenas prácticas de Contact

- Evita bloquear el tren de aterrizaje de tus compañeros haciendo cosas como enganchar los codos al arquear a alguien sobre tu espalda. Esto limita los medios que tiene cada persona para cuidarse por sí mismo.
- Mantén tus uñas recortadas, para no lacerar a tus parejas.
- Cuando estés en cuatro apoyos con el peso de tu pareja sobre la espalda, no enrolles los dedos de tus pies debajo de tus pies. Si alguien cae desde tu espalda a los tobillos, la caída puede lastimar tus dedos.

- No uses accesorios colgantes que puedan engancharse en la ropa o la piel.
- Dúchate con regularidad.

Complejos alrededor del tacto

A veces enseño en departamentos de danza y teatro en las universidades con estudiantes que no se auto seleccionan para participar. Están allí porque es un requisito. En estos casos, cuento la historia de cómo comencé a bailar a los veintidós años. Cuando comencé a hacer Contact Improvisación, supe que había encontrado MI forma y dedicaría mi vida a este baile.

Llamé a mis padres y les dije: "Mamá, papá, ¿adivinen qué?" ¡Voy a ser bailarín!" Hubo un largo silencio al otro extremo de la línea y luego ambos, al unísono, en voz alta exclamaron: "¡Martin, NOOOO!"

Dijeron: "Pero Martin, no hay dinero en ello". Luego dijeron lo que realmente pensaban: "Martin, estás demasiado viejo".

Esta historia generalmente provoca risas. Pienso que tengo un impulso por hablar de esta historia a los recién llegados, quienes podrían sentirse acomplejados con el contacto. Trae ligereza, liviandad y les quita el peso a las voces de sus padres que llevan sobre sus hombros.

Sueños sobre clases desastrosas

He aprendido que no soy el único maestro que los tiene. Me desperté esta mañana después de haber soñado con otro sueño de una clase desastrosa:

El estudio de danza no está disponible, así que debo enseñar en el patio adoquinado. Hay más de 100 estudiantes, y debo gritar para que me escuchen, y ni si quiera así todos logran escucharme. Nadie se moverá hacia al piso, es demasiado duro y sucio. Algunos afroamericanos se sienten excluidos e incómodos. Astillas de madera que se asoman entre las piedras. La gente va recogiéndolas y pasándomelas mientras estoy dando mi clase. Me encuentro sosteniendo un montón de astillas de dos pies de largo. Nadie escucha lo que estoy diciendo...

La fuente del carisma

¿De dónde viene el carisma, esa cualidad vital y efímera en un maestro? Tal vez provenga de ese lugar donde pica y una persona no alcanza a rascarse. El carisma es una forma para acercarse y decir: "¡Rásquenme!"

Las presentaciones de los maestros en los festivales

No hay nada tan doloroso para mí como la presentación de los maestros del festival. Los maestros, a quienes me encanta ver bailar en *jams*, suben al escenario y de repente pierden sus habilidades de Contact Improvisación y se vuelven tremendamente escénicos haciendo improvisaciones de danza espacio/ tiempo y malas actuaciones.

En el Festival de *Contact* en Viena, la organizadora principal, Sabine Parzer, introdujo una estructura diferente que ella llama "Burbujas de danza". En lugar de una presentación nocturna, a lo largo de todo el festival incorporó momentos en los que la gente podía hacer "demostraciones de su práctica". Estas eran demostraciones simples de la forma, que se construían con la escucha y las decisiones y la espontaneidad generada por la respuesta reflexiva al contacto físico. La calidad de la escucha se amplificaba con una sala llena de testigos atentos. Esta estructura invita a la gente a bailar Contact Improvisación.

Quisiera que más festivales probasen este formato.

Bailar con principiantes

Más de un fundador de esta forma de danza ha dicho que el rasgo distintivo de un bailarín experto no es su habilidad para bailar con otros contacteres expertos, sino su habilidad para bailar con principiantes. Esta forma no se trata de un puñado de habilidades bailando con otro puñado de habilidades. Se trata de una persona que se encuentra y baila con otra.

23

LENGUAJE
ENTRETEJIENDO LAS PALABRAS

E**l lenguaje es un rito de apareamiento**
Las palabras que vuelan de nuestros labios son nuestra danza de cortejo. Nuestra tarea es no ser tímidos, sino alentar a nuestro lenguaje a que le crezca el cabello, la piel, y las palabras emplumadas para abrirse y volar.

E**stilos de lenguajes**
He identificado seis estilos de lenguaje que usan los maestros:

- *De tarea*: "Usa los dedos de tu mano derecha para alcanzar tu hombro izquierdo. Permite que los dedos te jalen hasta rodar sobre tu vientre."
- *Kinestésico/sensorial*: "Siente la distancia entre tu mano y tu torso. Mientras vas doblando el brazo observa las sensaciones en tus articulaciones. Permite que tu cuerpo siga el recorrido de tu mano y percibe la presión de tu piel contra el piso mientras ruedas boca abajo."

- *Anatómico*: "Observa cómo el omóplato se activa cuando el codo se flexiona. "Permite que el hueso metacarpiano de tu dedo medio cruce sobre el esternón y observa cómo los músculos intercostales activan de forma secuencial la parte baja posterior a medida que se desplaza hacia la parte anterior de tu torso".
- *Imaginativo*: "El piso es una inmensa tabla para pan. Alguien empieza a inclinar la tabla. A medida que se va inclinando, eres como la masa de pan cayendo sin esfuerzo por la pendiente".
- *Relacional*: "Observa dónde termina y dónde comienza el piso. Al comenzar a rodar, nota las diferentes relaciones que se crean entre ustedes".
- *Lúdico*: "Cuando yo aplauda, rueda hacia el otro lado. Si aplaudo dos veces, rueda hacia el otro lado y de regreso. Si aplaudo tres veces, rueda de ida y vuelta y luego bala como si fueses una oveja".

Voces diferentes

Con casi todos los estilos de lenguaje, me doy cuenta de que tanto la voz *hipnótica* como la *imperativa* son necesarias para un maestro de Contact completo.

Usar las palabras con más impacto

A veces, el sonido de la palabra es más importante que un significado preciso. "¿Qué percibes cuando sueltas el control?" Es más preciso, pero "¿Qué se vislumbra cuando dejas de insistir?" tiene más impacto.

. . .

Generar buena voluntad

Cuando imparto un taller en el que estoy entrando en un territorio desconocido, a veces les digo a mis alumnos: "Agradezco su buena voluntad". Esta frase insignificante ayuda a que la gente se involucre en la investigación, en lugar de estar a la expectativa de recibirlo todo.

Otras frases útiles: "Nunca he intentado esto antes", "No estoy seguro de a dónde nos llevará esto, pero eso es lo que me entusiasma".

Sin embargo, cuando estas frases se usan de manera programática, pueden sonar banales y entonces el maestro puede perder un vínculo vital con sus alumnos.

Estas afirmaciones muestran modestia frente a lo que estamos explorando. Si un maestro se empequeñece con frecuencia, es mejor que no use estas frases.

Despertar la psique cuando tienes algo importante que decir

En mi primera conferencia para hombres con Robert Bly, dijo: "Voy a describir las siete maneras de sentir de los hombres". En la siguiente conferencia, dijo: "Aquí están las tres maneras de sentir de los hombres", y en la siguiente, "Trece maneras de sentir de los hombres". Le pregunté en la cena: "¿Qué pretendes?" Se rio y dijo: "Cuando das una lista, las psiques de las personas van corriendo por lápiz y papel. Aviva a la gente".

Tanto deseamos el orden en nuestras vidas que la promesa de una lista capta nuestra atención. La verdad es que no hay un número establecido. Cuando digo en clase, hay tres formas de entrar al piso, la gente me mira expectante y algunos incluso van por sus cuadernos. Al cambiar con frecuencia el número, se cumplen dos propósitos: llamas la atención de las personas; y los estudiantes Y el maestro aprenden a no doblegarse ante la tiranía de las listas.

Steve Paxton y la charla de cuidados

Existe una palabra que he escuchado decir a la gente para describir a Steve Paxton, el fundador de Contact Improvisación. Esta palabra es: desconcertante.

En mayo de 1997, se celebró el 25avo. Aniversario de esta práctica en la Universidad de Oberlin en un evento titulado CI25. En la reunión de facilitadores previa al círculo de apertura, Nancy Stark Smith le preguntó a Steve si él podría dar la "charla de cuidados", y él asintió con la cabeza.

Nosotros, las y los facilitadores, nos presentamos como grupo en el Warner Main, el hermoso gimnasio todo de madera de la universidad, y nos sumamos al círculo de 240 participantes. Se hicieron las presentaciones y se le dió la palabra a Steve.

Esperaba con ansias saber cómo planteaba la charla de cuidados y cómo elaboraría sus palabras. Se sentó entre nosotros por un momento, después se deslizó sobre su trasero hacia el centro del círculo. Considerando a la mitad que tenía enfrente dijo, "Cuiden de sí mismas".

Después pivotó y se dirigió a la otra mitad del círculo diciendo, "Cuídense entre todos". Luego se deslizó de vuelta a su lugar.

Cuando fue evidente que ya no tenía nada más qué decir, pensé, ¿eso es todo? ¿de verdad eso es todo?

Y luego pensé, bueno, eso es desconcertante, pero sí, eso es. Desde entonces, esas dos frases se convirtieron en los cimientos sobre los que formulo mi charla de cuidados.

Steve era experto en no hacer lo que se esperaba de él y, para mí, esa era una gran parte de su brillantez.

Usar imágenes para contener sentimientos intensos

Algún material que se enseña puede llevar a las personas a un límite físico o emocional. Este material puede agitar miedos u otros sentimientos intensos. Puedes invocar las imágenes, de tal forma que estas emociones apoyen, y no obstaculicen, la investigación.

Tengo un ejercicio de líder/seguidor, donde el seguidor se mueve con los ojos cerrados. Esto es muy dinámico cuando el seguidor corre por todo el salón sin que el líder le esté tan si quiera tocando. Asusta seguir corriendo y confiar en que tu pareja te redirigirá o te detendrá antes de que llegues a la pared.

Les doy la imagen de que la persona está en un safari guiado. Los llevan a ver leones y gacelas; van a hacer espeleología y *puenting* (*bungee jumping*). Estas imágenes traen consigo el miedo, por lo que el miedo puede aflorar en la imagen y la persona puede relajarse en medio del miedo. (También hago la invitación a gritar y vocalizar).

Justo después de que mis dos padres murieron, me era muy difícil bailar porque la vulnerabilidad de la danza me conectaba con mi pérdida, y las lágrimas empezaban a bajar por mi rostro. Luego se me ocurrió la imagen, "huesos suavizados por el dolor". Cuando bailaba (y enseñaba), invocaba esta imagen. El dolor entonces podría permitir un ablandamiento en mí que apoyaría la danza y mi interacción con la gente.

(Para más sobre esto, ver "El tren de la duda" en el capítulo Herramientas para enseñar).

. . .

Lenguaje

Enseñar una forma de arte

Me he dado cuenta de que cuando los maestros hablan sobre la "disciplina" de nuestra práctica y hablan sobre "investigación", alientan a los estudiantes a participar en esta danza como una forma de arte, en lugar de que el contacto sea meramente recreativo y la simple búsqueda de placer.

Definir las palabras que usamos

Es irresponsable utilizar palabras importantes sin definirlas primero. Antes de usar palabras como *liberar, energía, permitir, conciencia* es nuestro trabajo como maestros darnos a la tarea de definirlas.

Ciertas palabras han sido tan usadas que ya son peces muertos y casi nunca deben pronunciarse, excepto para hablar con ironía. Estas incluyen: *transformación, compartir, viaje, asombroso, cuántico, profundo* y cualquier combinación de palabras que use: *paradigma*.

"Profundiza en tu experiencia" no tiene sentido. Un maestro debe preguntar: "¿Qué quiero decir con 'profundo'?" Y luego hacer la tarea de definirlo.

Cuando un maestro tiene la disciplina para trabajar con el lenguaje, aporta más claridad a su enseñanza. También enseña con más aplomo y da instrucciones con más autoridad.

Las palabras de disculpa

Cuando estoy cansado o no me siento del todo bien, uso más palabras y frases de "disculpa". Algunos ejemplos de estos son, por ejemplo, cuando digo: "Vamos a tomarnos *sólo* un minuto más." *"Por favor,* vengan a este lado del salón." "Haga una respiración *muy* profunda." "Ahora *me gustaría que* vayan hacia los límites del salón". Estas palabras de disculpa son extrañas, dañan la comunicación o la transmisión del material o de la forma. En general, soy condescendiente conmigo por usarlas.

A brir un círculo para compartir experiencias
Cuando hacemos un círculo para hablar sobre nuestra experiencia, ¿cómo yo, como maestro, abro el espacio para que las personas puedan hablar desde todos los aspectos de la experiencia? A menudo combino "¿cuáles fueron tus descubrimientos?" con "¿cuáles fueron tus desafíos?".

Ray Chung simplemente pregunta: "¿Qué observaste?"

A brir el debate
Aquí hay una técnica utilizada por varios maestros para abrir el debate dentro de una clase. Todos toman una hoja de papel y escriben en ella esta oración completa: "En Contact Improvisación tengo miedo de…" o "En Contact Improvisación no me gusta…" o "En Contact Improvisación tengo dificultades con…"

Los pedazos de papel se doblan y se apilan. Todos sacan uno y lo leen como si fuera el suyo. Algunos son divertidos, algunos son conmovedores, algunos son dolorosamente sinceros. Después de leer las afirmaciones, se abre el espacio para el debate.

H erramientas para provocar discusión y reflexión
- Hacer una pregunta al comienzo de la clase y regresar a ella al final. Esto se convierte en la pregunta de investigación.

- Ir uno por uno en el círculo y digan una palabra o una frase, luego abran la discusión.
- Poner a las personas a hablar en parejas. Luego decir: "Termina esta oración y continuemos como grupo"
- Invitar a las personas recordar momentos de la clase o de las danzas.
- Ir uno por uno en el círculo haciendo una pregunta. Luego, abrir la discusión.

Obsequiar preguntas en lugar de hallazgos

¿Cómo haces para que las personas desarrollen una investigación al sugerir una pregunta en lugar de un hallazgo?

Aquí hay una pregunta: hay algunos maestros que tienen la capacidad de crear un entorno donde el aprendizaje se siente sagrado, donde las normas y regulaciones son reemplazadas por el arte y la belleza, donde el Eros reemplaza la moralidad. ¿Cómo lo hacen?

Algunas frases útiles

- Baila un poco menos con tu ideal y un poco más con tu pareja.
- Abandona la creencia de que nunca lograrás calentar el cuerpo.
- No apresures los momentos incómodos.
- No te embriagues/envuelvas en la sensación.
- Baila con el cuerpo que tienes en este momento.
- No apresures la sensación de conexión.
- Estamos construyendo nuestro confort para lo

incómodo, estamos construyendo nuestra capacidad para lo no resuelto.
- Deja que la gravedad haga su trabajo.
- Proponer es 90% de escucha.
- Una gran inestabilidad conduce a una gran movilidad.
- Involúcrate más *con* y con menos dependencia *de* tu pareja.
- El trabajo que estamos haciendo hoy nos hace parte de la evolución de la forma.
- Que este momento sea la semilla del siguiente.
- Que este movimiento sea la semilla de la siguiente.
- Un bailarín experimentado tiene varios lugares disponibles a la vez.
- Si lo sientes 'forzado' o "trabajoso" o si estás distraído, haz una pausa. Pausa para renovar tu curiosidad.
- Levantadas: hazlas una película, no una foto.
- Si al principio no lo consigues, esfuérzate menos.
- ¿Cuál es el estiramiento más pequeño que todavía puedes sentir?
- Baila con esta pregunta: ¿Qué es muy poco tono?
- ¿Qué no estoy percibiendo? ¿Qué está al límite de mi percepción?
- ¿Qué es obvio de inmediato y qué se revela con el tiempo?

24

AL MOMENTO DE HACER COMENTARIOS
UNA PATADA BRILLANTE EN TU TRASERO

Algunos maestros son hábiles en crear el espacio para que las personas cambien y evolucionen a su propio ritmo. Algunos maestros son expertos en dar esa patada en el trasero que los impulsa hacia adelante. Yo aspiro a proporcionar ambos.

¿Por qué hacer comentarios?
Nancy Stark Smith ha desafiado mis creencias sobre *Contact* Improvisación más de una vez. Cuando ella y yo co-facilitamos nuestro primer CITE (Intercambio de maestros de *Contact* Improvisación en sus siglas en inglés) en Earthdance, ofrecí una estructura para practicar diferentes métodos para hacer comentarios a los estudiantes. Nancy me desafió a expresar POR QUÉ nosotros, como maestros, hacemos comentarios. ¿Qué pretendemos?, preguntó. "¿Será que solo queremos transmitir nuestra tendencia estética en el trabajo de alguien más?"

Afortunadamente, faltaban unos meses para CITE, así que tuve tiempo para reflexionar sobre estas preguntas.

Me di cuenta de que tengo dos intenciones cuando hago comentarios.

La primera es la seguridad. Hago referencia a las precauciones cuando veo danzas que potencialmente podrían provocar que el bailarín, su pareja u otra persona salgan lastimados. Estos consejos a menudo incluyen detalles específicos como "estén atentos a todas las personas que están en el salón" o "absténganse de agarrar las extremidades de sus parejas" o "no enganchen ni tiren". Si veo una danza arrebatada que tiene un nivel peligroso de imprudencia, me uniré a la danza o interrumpiré la danza y diré directamente algo como: "Tu danza me está poniendo nervioso. Por favor, sé más consciente del salón".

El otro comentario es el que dirijo a un estudiante o una pareja de baile. Mi intención en este comentario es descubrir otros mundos en las danzas de las personas. Cuando veo o bailo con un estudiante, puedo sentir una habilidad que está a punto de ser descubierta. O podría sentir algo que cuando se traslada al cuerpo podría completar esa danza. Cuando hago comentarios, miro a través de la lente de esta pregunta: "¿Qué mundos están esperando para abrirse?"

Cuando le hago comentarios a un estudiante, mi perspectiva es limitada. Soy humano después de todo. Por eso recomiendo que los alumnos estudien con muchos maestros. De esta manera, obtienen muchas reflexiones desde muchos puntos de vista. Sé que, después de bailar y enseñar durante casi 40 años, mi perspectiva no es insustancial. A menudo puedo ofrecer una recomendación para que una persona baile como nunca antes. La satisfacción es mutua.

. . .

Una estructura para aprender a hacer comentarios

Aquí está la estructura de estilos para comentar que ofrecí en CITE y en las conferencias de maestros en cuatro continentes.

En grupos de seis, hay tres (o más) rondas en las que un dueto es presenciado por cuatro personas. Cada uno de los cuatro testigos elige de antemano un estilo para comentar y utiliza ese estilo para comentar una vez finalizada la danza. Los bailarines hacen una danza no performática como si estuviesen en un jam de unos diez minutos.

Los diferentes estilos comprenden lo siguiente:

Comentarios más generales:

- Simplemente informa lo que viste (no lo que te gustó / no te gustó)
- Lo que te gustó ver y te hubiera gustado ver (en lugar de lo que no te gustó)
- Proponer una imagen para bailar (más sobre esto en el siguiente capítulo)
- Comentarios más específicos:
- Dar una invitación a la consciencia: "Observa dónde está tu cabeza en el espacio cuando sus pies dejan el piso".
- Respuesta práctica o con las manos: rastrear el patrón, mostrar la opción
- Usar la mirada. Haz que repitan un movimiento específico: "Observa mi mano".
- Hacer una pregunta: "¿Qué pasa si, cuando tus pies dejan el suelo, puedes ver detrás de ti mismo?"
- Demostrar el hábito y la(s) alternativa(s).

Hacemos varias rondas de danzas, por lo que cada persona practica varios tipos de comentarios y recibe comentarios diferentes en diferentes estilos desde varios puntos de vista.

. . .

Estructura para hacer comentarios en grupos multinivel

Aquí hay una variación de la estructura para hacer comentarios en grupos multinivel. Lo llamo "Comentarios a pedido".

Cada bailarín nombra su interés actual en la danza. Articulan el área donde les gustaría recibir comentarios en base a su investigación actual. De esta manera, los testigos miran con la lente que el bailarín ha solicitado.

Normalmente doy ejemplos para calentar motores. Tu lente podría incluir:

- ¿En qué se diferencian las cualidades de mi danza cuando tengo mi propio centro y cuando entrego mi centro a algo mutuo?
- ¿Cuándo abandono en levantadas y vuelos?
- ¿Bailo diferente con hombres y mujeres?
- ¿Cuáles son los momentos en los que dejo de seguir el impulso y regreso?

Descubrir cuáles son los comentarios útiles

Hacer comentarios puede llevarnos a preguntas. Las preguntas pueden ser una guía para determinar a qué tipo de comentario la persona es más receptiva.

Cuando una persona parece estar estancada

A veces me encuentro con estudiantes que, ya después de un tiempo, parecen temer la espontaneidad o no están dispuestos a tomar riesgos; no hay indicios de evolución o crecimiento o cambio.

Ahora veo que estoy obligado a hacer una pequeña diferenciación aquí. Están aquellos que se resisten y necesitan aliento y empuje, la patada en el trasero. Y también están los de la crisálida, algo embrionario se está formando dentro de ellos y necesitan espacio para que se produzca el cambio.

Para aquellos que están en estasis, algo profundo está ocurriendo, pero no es visible. En estos casos, es importante NO presionar - para permitir que la persona evolucione a su propio ritmo - hacia su propia forma.

Me ha sido difícil reconocer la diferencia entre el estado de resistencia y el estado de metamorfosis. Ojalá las señales fueran fáciles de reconocer por fuera. La única pista que tengo es que se aclara cuando tocas a la persona. Alguien en resistencia tiene un desafiante "no" en sus tejidos. Alguien en metamorfosis tiene un núcleo que se siente fluido y en movimiento, un sentimiento de vulnerabilidad que todo lo abarca.

Cosas para recordar

La mayoría de las personas que bailan *Contact* Improvisación son estudiantes kinestésicos. Cuando haces algún comentario sobre algo que sucedió en una danza, es útil decirle a la persona dónde estaba ubicada en el salón cuando eso pasó. Esto le da una señal al cerebro, especialmente útil para los estudiantes kinestésicos, que le ayuda a recordar qué estaba haciendo en ese momento.

. . .

Hacer comentarios durante los *jams*

Cuando bailo con alguien en un jam, rara vez hago comentarios sobre su danza. Sin embargo, algunas personas anhelan la reflexión como parte de su investigación. Si observo algo que podría ser útil para mi compañero(a), le pregunto si le gustaría escucharlo. Es útil hacer esos comentarios en medio de una danza porque cuando la danza continúa puedes poner en práctica lo que se habló.

Contextualizar los comentarios

Cada cultura tiene su propia manera de hacer comentarios. En Estados Unidos, después de una clase, es muy probable que los estudiantes se me acerquen y me digan algo como: "Excelente clase, la secuenciación del material fue genial. Me habría gustado más material sobre caer."

En Europa, especialmente en el centro y el norte de Europa, donde son más reservados para elogiar, en el cuarto día de un taller intensivo, es posible que escuche algo como "Disfruté de las imágenes" o "No me arrepiento de haber venido a tu taller".

En América del Sur, no es raro que un estudiante me tome de los brazos y me diga: "¡Has cambiado mi vida!"

La forma local de hacer comentarios puede ser una guía para el maestro para encuadrar sus comentarios a los estudiantes.

Dar comentarios por escrito

Los comentarios pueden herir susceptibilidades, y algunas personas se ponen a la defensiva o emocionales cuando los reciben. Me parece que, principalmente cuando se es directo, es importante ser realmente directos. Cualquier intento por solaparlo se notará.

También he notado que los comentarios por escrito son mejor recibidos. Antes, yo habría optado por inclinarme y susurrarle algo a alguien mientras bailaba, ahora tengo comentarios escritos que le muestro a la persona para que las lea. También llevo conmigo tarjetas vacías, en caso de que necesite escribir algo en el momento para mostrar a la persona. A esto le llamo "comentarios sobre la marcha".

Estas son algunas de las oraciones que podría mostrarle un bailarín:

- Cede tu centro
- Entra en las espirales
- Sigue el movimiento completo
- Déjate colgar y caer como una tela sobre algo (*draping*)
- Tus costillas son dedos
- Tienes ojos de pez
- Sé más cuidadoso
- Toma toda la energía de tus ojos y ponla en el punto de contacto.
- Tómate un momento más largo con todo.
- Escucha 90%
- Un poco menos sagrado
- Tus pies son bancos de peces.
- Siente el piso a través de tu pareja.
- Sé ambicioso
- Sigue con energía
- Consigue lo que quieres
- Base angosta
- ¿Dónde están los demás?
- Recuerda
- Deja algo atrás

Tener un comentario por escrito de alguna manera elude la parte de auto-juicio. He descubierto que es así en todas las culturas.

25

EN EL CORAZÓN DE LOS COMENTARIOS

LAS IMÁGENES

Una vez que tengo sugerencias para dar, la pregunta es cómo darlas. ¿Cuál es la forma más accesible y útil para comunicar observaciones? ¿Sugiero una herramienta o tarea específica? ¿Los hago conscientes de algún patrón recurrente que bloquea otras posibilidades? ¿Hago una pregunta, una demostración o hago comentarios utilizando mis manos?

A lo largo de las décadas, he encontrado que los comentarios más efectivos para introducir nuevos mundos en las danzas de las personas vienen en forma de imagen. Traduzco mi observación en una imagen para que la persona la invoque mientras baila.

Si bailo con alguien que tiene una actitud colapsada, podría pedirle que note cuándo el baile se vuelve incontrolable e imagine que tienen una melena de león golpeándose contra el viento. ¿Cómo afecta esto a su movimiento, a su capacidad de organizarse, para ser apoyo, a la rotación, a llenar el espacio, a ser fuerte?

Una situación que sucede con frecuencia es cuando una persona va hacia atrás buscando el apoyo de su pareja. Cuando el bailarín va hacia atrás, su barbilla habitualmente se mete haciendo que la cabeza asuma una orientación vertical en relación con el salón. Este encogimiento tensa el cuello y la columna vertebral, lo cual reduce su capacidad para escuchar y responder a la infinidad de caminos disponibles.

Hay varias formas de dar mis comentarios aquí. Puedo describir lo que estoy viendo y darles una herramienta para que busquen el piso detrás de ellos. Con un toque, puedo guiarlos de tal forma que su cabeza siga la columna vertebral y vaya hacia atrás. Puedo hacer que mantengan su vista en mi mano mientras van hacia atrás debiendo soltar la cabeza con tal de mantener mi mano dentro del marco visual.

Si bien cada una de estas formas es útil y tiene su valor, la corrección es específica y local. Mi preferencia es sugerirle a la persona que invoque esta imagen mientras baila: "Tienes ojos de pez y puedes ver la esfera completa de 360 grados a tu alrededor". Esta imagen no solo puede hacer que su cabeza y la parte superior de su espalda se abran hacia el espacio hacia atrás, sino que puede hacer que la orientación de su danza, en general, se vuelva más esférica y multidireccional.

Esto no es una solución local. Las imágenes pueden tardar más, pero funcionan de forma sistémica.

Cuanto más provocadora sea una imagen, más útil es. "Tu sangre se calienta" está bien, pero "Chiles jalapeños corren por tus venas" funciona más para llegar a todo el sistema circulatorio de la danza de alguien. Es valioso dar correcciones físicas y ofrecer técnicas específicas, pero he descubierto que las imágenes son lo que hace descender las montañas y encender los océanos.

¿De dónde salen las imágenes? A menudo propongo estructuras donde la gente baila, me muevo por el estudio y observo como si mi cuerpo fuese un detector. Observo desde mis vísceras. Me doy cuenta de cuando mi cuerpo se siente atraído y cuando regresa a estar sobre mis pies. Desde ese lugar, me pregunto: "¿Qué mundos esperan para ser descubiertos?"

A menudo aparece una imagen. A lo largo de los años, he descubierto que, a veces, la imagen está volcada hacia cómo baila la persona y, a veces, hacia su personalidad. Estos dos aspectos están tan entrelazados que a menudo no puedo distinguir la diferencia. En nuestro baile o en nuestras vidas, ¿qué umbral está a punto de abrirse?

Puedo usar una imagen para llevar a alguien más a la sensación. Podría decir: "Tienes almohadillas de mantequilla entre cada vértebra" o "Tienes una pera completamente madura colgando en tu plexo solar" o "Bigotes de gato arriba y abajo de tu columna vertebral".

Si veo a una persona aportando tantas ideas e impulsos que sofocan lo que el baile tiene para ofrecer, daré una imagen como: "Besar por kilómetros y kilómetros" o "Tienes cabello de sirena que flota desde tu cabeza".

Para hacer que alguien improvise desde un lugar más visceral, podría decir: "Tu danza irradia desde tus ovarios" o "Tienes una cola prensil".

Algunas imágenes desafían la autoimagen y son ambiciosas. "Suelta las riendas del control y deja que tu animal te lleve" o "Eres la Bella Durmiente que despierta justo después del beso". (¿Y si yo *hubiese* estado dormido durante cien años?)

Intento mantenerme consciente cuando una imagen no está llegando. Si las imágenes visuales no parecen funcionar, probaré una imagen acústica como: "Son las vocales del alfabeto" o "Afinando todas las cuerdas del violín."

Necesito al menos seis días con un grupo para tener una imagen lista para cada uno dentro del taller. Cuanto más tiempo trabaje con una persona, cuanto más los tenga en mi campo visual, si he sentido su cuerpo imprimirse de forma indeleble en el mío al bailar juntos, es más probable que encuentre una imagen útil y accesible. Una vez que sepa que las imágenes han madurado, nos sentaremos todos en un círculo para escuchar los comentarios de cada uno. Esto permite que las personas reconozcan cuán personalizada es cada imagen y cómo contrasta con las demás.

A veces, realizo una imagen con una historia u otras imágenes que la acompañan. Les pido a las personas que resistan la tentación de tratar de interpretar la imagen o de descifrar mi intención de darla. Lo valioso de la imagen viene cuando notamos qué es lo que estimula al momento de invocarla mientras bailamos. La imagen es más poderosa que nuestra interpretación. El objetivo es convocar la imagen con curiosidad y apertura. Cuando le doy la imagen a una mujer, "Tú eres un hombre", no es para que hagan la pantomima de flexionar sus músculos y pavonearse alrededor con las piernas arqueadas. Solo con invocar la imagen, tendrán una respuesta física. Es decirse la frase a sí misma: "Soy un hombre" y permitir que lo que surja influya en la danza.

Después de que todos en el círculo reciban su imagen, regresamos a bailar. En cualquier momento hasta el final del taller, cualquiera puede proponer un llamado de aves en el salón. Seguimos bailando y si escuchamos un "piar", lo tomamos como una señal para invocar nuestra imagen. De esta manera, las personas pueden acostumbrarse a invocar su imagen y observar qué cambia.

Me sorprende cuando recibo correos electrónicos de personas después de años o incluso décadas, agradeciéndome todo lo que la imagen les ha dado.

Galería de imágenes

En los antiguos cuentos de hadas, a veces encuentras un personaje que tiene dones. En un cuento de los Grimm, *El espíritu en la botella,* su nombre es Mercurio, uno de los nombres de Hermes, el dios de los límites y las transiciones. Estos dones pueden incluir una botella de vino que nunca se vacía, una vara que abrirá cualquier puerta al golpearla, o un paño que curará cualquier herida o enfermedad.

Aquí hay una galería de bolsillo de algunas imágenes que uso en mis danzas y en mis clases. Rara vez las categorizo porque muchas cabrían en varios encabezados. Sin embargo, lo he hecho aquí para mostrarte cómo pueden ser útiles para dar comentarios.

Soltar la tensión

- eres tu muñeca de trapo de la infancia
- medusas en las articulaciones
- la pátina se está agrietando y cayendo
- fideos cayendo en agua hirviendo
- la tierra te está respirando

Aumentar la capacidad de sensación

- tus costillas son dedos

- la médula de tu compañero(a) es tu hogar
- tu lengua pesa cuatro kilos y medio
- tienes una ligera quemadura por el sol en todo tu cuerpo
- tu médula habla: escucha
- eres la cerveza después de que la espuma se ha asentado

Soltar la cabeza

- tienes un visón acurrucado en tu cráneo.
- picazón, piel quemada por el sol en la parte superior de la espalda
- ojos que ven 360 grados todo el tiempo.
- cabello de sirena flotando desde tu cabeza
- tienes una cola prensil que sale desde la tapa de tu cabeza

Sensibilidad

- eres un carterista
- el peso de tu sombra
- la pelvis es una lengua saboreando las danzas.
- todas las partes de tu cuerpo son labios vaginales
- tu pareja está ligeramente quemada por el sol
- tu familia ha estado bailando durante tres generaciones: la familia de tu compañero ha estado bailando durante cuatro generaciones, ¿qué puedes aprender de ellos?

Aumentar la fluidez

- 100 manos lo están haciendo por ti
- almohadillas de mantequilla entre cada vértebra.

- tu columna vertebral es un collar de perlas
- eres las vocales del alfabeto
- tienes burbujas de jabón resbaladizas en todas tus articulaciones.
- eres el río Amazonas

Fluidez con el piso

- masa de pan subiendo y desbordándose del bol.
- salchichas para los huesos
- el suelo es la panza de un gigante.
- masa para panqueques desparramándose a medida que se deja caer
- la gravedad viene alrededor tuyo y sostiene tu piel
- tienes una cola (prensil o no)

Ser soporte

- montañas de granito con riscos y salientes y árboles que crecen en las grietas de la roca
- eres un filántropo
- eres la nariz de una foca de circo
- tu trono está en tu cintura pélvica

Conciencia corporal

- dedos de los pies/dedos de las manos son bengalas
- lenguas entre cada vértebra
- lenguas en los pliegues de tu cadera
- una pera completamente madura colgando desde tu plexo solar.

- bigotes de gato por arriba y por debajo de tu columna vertebral
- un pendiente brillante en forma de corazón que cuelga de tu esternón (o sacro u omóplatos)
- un pendiente con la piedra preciosa que quieras colgando de tu perineo
- respira a través de tus branquias

Ligereza

- globo de helio en la pelvis
- eres polen
- el manto de la invisibilidad
- huesos tan porosos que respiras a través de ellos.
- huesos de aves más ligeros que plumas
- la sonrisa del delfín
- los huesos provocan efervescencia

Llenándote: llenando la danza

- eres un cazador tras una gran presa, en lo más profundo de la selva, y los leones acaban de aparecer.
- eres una *femme fatale*
- eres un cuadro de Picasso
- la danza es prohibida
- eres un jugador de baloncesto de más de dos metros de altura
- sujeta las riendas y guía a tu caballo con firmeza.
- tu cuerpo es una jungla
- una melena de un león golpeando contra el viento
- baila como si fueras un actor de Shakespeare.

Convocar a lo desconocido

- tu corazón está borracho
- tu articulaciones están borrachas
- sangre carbonatada, champagne, efervescente
- suelta las riendas y deja que tu animal te lleve.
- cámaras de resonancia en el cuerpo cuyas paredes están cubiertas de pinturas prehistóricas.

Soltando

- estás mudando el pelaje
- justo después de hacer el amor hasta llorar (buenas lágrimas)
- una cucharadita de oro fundido en tu plexo solar
- acabas de hacer el amor exquisitamente: tu amante te ha regalado un baño de burbujas, lo ha llenado de pétalos de flores, ha puesto música y ha encendido velas. Tu imagen es el momento de sumergirte en este baño.

Confianza

- la confianza de la mujer ciega en su perro
- hablas siete idiomas con fluidez.
- piensa en ti mismo como una obra de literatura de todos los tiempos.
- tu familia ha hecho esto por 3 generaciones; no es personal (o es profundamente personal).
- luz dorada de la luna se refleja en tu pecho.
- la danza irradia desde tus ovarios.

Encontrar energía

- chiles jalapeños corriendo por tus venas
- la picadura de araña que te hace bailar
- cuando la levadura se da cuenta de que hay azúcar cerca
- el plumaje como un pavo real
- afinando todas las cuerdas del violín
- eres la espuma de la cerveza
- un trago de tequila
- un lobo aullando a la luna

Sanación

- invernadero para retoños invernales en tu pecho
- falda ondulante, cabello laaaaaaaaargo, pendientes colgantes, docena de pulseras, esmeralda en el ombligo, tatuaje de una rosa en el muslo
- eres un hombre (para mujeres)
- eres una mujer (para hombres)
- en las manos de Dios
- huesos ablandados por el dolor
- tú eres la novia: radiante

Conexión

- besos por kilómetros y kilómetros
- lo que la Primavera hace con los cerezos
- la mano de un amante que te alimenta

La danza sublime

- una gota que cae en un estanque inmóvil

- la reverencia, de pie frente a una gran catedral con la luz del sol atravesándola
- el reflejo sobre un lago en un día sin viento
- la arena que cae en un reloj de arena
- el sonido del invierno
- el hilo discreto en el medio de una gran obra.
- la bella durmiente después del beso

ELEMENTOS BÁSICOS
ARTISTAS ITINERANTES DE CONTACT

C olaboración abierta en la danza

En el mundo de la informática está sucediendo una revolución llamada programación de código abierto o de colaboración abierta. Se escribe una aplicación y luego cualquiera que lo desee puede mejorar el código fuente. Linux y Firefox de Mozilla son aplicaciones reconocidas de colaboración abierta. El hecho de crear software del cual nadie es dueño, que no tiene control central, que cualquiera puede tratar de mejorar, produce aplicaciones que son más útiles, elegantes y libres de virus.

Contact Improvisación es una forma de danza de código abierto. Todos los que entran a esta danza añaden sus descubrimientos e innovaciones. Y al igual que con el software de código abierto, no hay control central. Existen medios de comunicación, a fin de que las personas puedan seguir lo que está sucediendo en la red. Tenemos la revista trimestral de *Contact*, numerosas páginas de Facebook, reuniones de maestros y el hecho de que, cuando bailamos, la información se mueve entre nosotros.

Esto no es la técnica Balanchine o Graham, o la corporación Microsoft, donde la información es impuesta de arriba hacia abajo. El *Contact* es una forma de danza inherentemente inacabada: cada persona ha de completarla consigo misma en cada momento. Esta es la fortaleza de la forma y la razón por la cual sigue desplegándose mundialmente.

Espero que C.I. nunca se ponga de moda, porque las cosas de moda usualmente terminan. No veo que eso vaya a suceder porque nuestra danza no es el centro de atención; no está tratando de colonizar el mundo. Lo que tenemos es un grupo internacional de practicantes comprometidos, cada uno contribuyendo con su pieza al rompecabezas de la danza. A medida que la danza nos ilumina, nosotros iluminamos la forma.

Los maestros son una parte vital de la colaboración abierta. Nosotros somos uno de los medios de comunicación, ya que conducimos los hilos de lo que está siendo investigado de una parte del mundo a otra.

Nómadas de *Contact*

Hay un grupo raro de bailarines a quienes yo llamo los nómadas del *Contact*. Estos son bailarines sin dirección fija. Ellos viajan por todo el mundo, de evento de Contact a evento de *Contact*, bailando, dando clases y presentando. Ellos son importantes para desarrollar nuestra forma, como lo son todos los artistas itinerantes de Contact. Ellos echan un vistazo a las flores de las comunidades de *Contact* y luego polinizan de una a otra.

Trabajar con un traductor

Al enseñar con un traductor, es preferible tener a alguien que no esté tomando la clase. Cuando el traductor está participando en un ejercicio y se involucra en la sensación, puede que pierda de vista su rol o que incluso pierda la habilidad de seguir hablando.

Antes de que la clase comience cada día, me reúno con el traductor para abordar conceptos, palabras o imágenes desafiantes, a fin de que no se sorprenda por lo minucioso que soy con el lenguaje.

Algunos conceptos particularmente desafiantes para traducir del inglés son *"draping"* (colgarse) y *"follow through"* (continuar hasta el final).

Yo invito a mi traductor a que me iguale en el nivel de energía. Le doy ejemplos de mi 'voz hipnótica' y mi 'voz imperativa', para que el mismo tono y la misma dinámica se cumplan en la traducción.

Encuentro que hay una relación íntima con alguien que traduce mis palabras. El traductor se convierte en mi voz. A menudo me enamoro de mis traductores.

Lidiando con el desfase horario

El desfase horario me desequilibra y me desconcentra. Esto puede hacer que mi autoconfianza disminuya (especialmente en el tercer día). Una vez me dieron un consejo práctico para enseñar en el extranjero: tomar pastillas para dormir en el vuelo y durante las primeras dos noches en el lugar. Un buen descanso en el vuelo ayuda a hacer más suave la transición.

Algunas opciones naturales incluyen: melatonina, valeriana y un baño de lavanda.

. . .

Dialectos regionales de danza

Solía diferenciar los estilos de *Contact* en diferentes partes del mundo. Hace dos décadas, si te sentabas en un jam en la Costa oeste de los Estados Unidos o en Sudamérica y entrecerrabas los ojos, veías más intercambio de peso, más tiempo en desequilibrio, más riesgo y acrobacias espontáneas. También era más probable que vieras a personas realizando una danza airada, o una danza sexual, o una danza triste.

Si entrecerrabas los ojos en la Costa este, los bailarines hacían más danzas solos en su lugar y mantenían sus centros más autónomos. Si entrecerrabas los ojos en un jam en Europa, los bailarines a menudo dejaban el contacto físico para entrar en solos con idiosincrasias fuertes y desarrolladas.

Ahora siento que en los estilos ha habido una polinización cruzada y han resultado más mezclados. Aunque estas generalidades aún son verdaderas, se están tornando cada vez más sutiles.

Solía hablar acerca de "estilos de *Contact*" regionales. Pero las personas (incluyéndome) a menudo hacen un juicio de valor, colocando a un estilo sobre otro. Ahora prefiero hablar de "dialectos regionales de *Contact*".

Preconceptos culturales

Cuando me estoy preparando para ir a un país por primera vez, trato de excavar mis preconceptos y prejuicios acerca de esa cultura.

Cuando fui a Rusia por primera vez, tenía muchas voces de la infancia diciéndome que los rusos eran el enemigo. Una cosa que escuché muchas veces fue: "Los subterráneos de Moscú son deslumbrantes, llenos de candelabros y hermosos mosaicos para presumir. Pero ellos no se preocupan acerca de su gente; ni siquiera tienen bancas para que las personas se sienten".

Cuando mencioné esto en Rusia, ellos dijeron: "¿Para qué necesitarías bancas cuando hay trenes cada dos minutos?".

Estilos culturales

Existen diferentes estilos culturales para hablar cuando nos reunimos en un círculo a conversar acerca de nuestras experiencias. En Norteamérica, a menudo se habla inmediatamente después de que la otra persona termina de hablar. En Europa Central, las personas esperan cerca de tres tiempos antes de hablar. En Finlandia, esperan de ocho a doce tiempos antes de que la siguiente persona hable (me alegra de que me hayan advertido al respecto de antemano). En Sudamérica, no es inusual que las personas se las arreglen para hablar simultáneamente.

Notando la forma en que la cultura hace comentarios

Asistí a mi primer ECITE en Copenhague en 1994. Tuve una danza hermosa con una mujer danesa y más tarde estaba parado con ella y algunos otros en una conversación. En un punto, le dije: "Gracias por nuestra danza. Me impresiona tu inteligencia física y todos los recorridos inesperados que encontramos". Después de que dije esto, ella retrocedió hacia la pared como si yo la hubiese empujado.

Más adelante, cuando hablamos sólo los dos, le pregunté qué había sucedido en aquel momento. Ella dijo: "Aquí (en los países nórdicos) no nos gusta elevarnos por encima de otros porque después las personas te critican. No nos elogiamos unos a otros, especialmente en público". En este ECITE, comprendí que mis comentarios debían ser sensibles a las diferencias culturales.

Contact Improvisación y el dinero

Las tarifas para un taller de masaje, yoga o cualquier otra destreza terapéutica son sustancialmente más altos que los de un taller de *Contact* Improvisación. El pago para un maestro de C.I. es siempre más bajo que en otros campos. Conozco a varios maestros talentosos de C.I. que no continuaron en el campo porque "no hay dinero en ello". Es una pena.

Algunos maestros tienen tal problema en torno al dinero que ni siquiera sacan el tema cuando son invitados a enseñar en algún lugar. Siento que nos perjudica a todos cuando los maestros no tienen claro cuánto valen y cuánto cobran. Se hizo evidente que yo necesitaba ser muy claro acerca de cuánto ganaba a medida que regresaba a casa con una familia de seis bocas que alimentar.

Pago por viajar

Hubo un año en el que pasé 42 días en aviones, viajando de y hacia talleres. Esto se traduce en seis semanas completas, un mes y medio, usadas para viajar. Comprendí que necesitaba ser compensado por ese tiempo que usé atravesando el espacio en un asiento dentro de un estrecho tubo cilíndrico. Ahora pido un estipendio de viaje para cada ciudad que visito, así que recibo al menos una cantidad simbólica por mi tiempo de viaje.

Parte de este estipendio de viaje lo dono a causas ambientales.

Mis condiciones para giras

Muchos maestros de C.I. simplemente piden 100 euros por hora para enseñar. Yo lo hago un poco diferente. Cuando me invitan a enseñar, les envío una carta con las descripciones de mi taller, mi biografía y mis condiciones de viaje. A continuación hay una parte de la carta que envío con mis requerimientos:

Cuando viajo para enseñar, cada situación es diferente, al igual que los arreglos financieros. Algunas veces estoy en escuelas, otras en talleres privados y otras en festivales. He aquí lo que las personas me pagan normalmente por viajar a sus ciudades (y países) para enseñar:

Para talleres (todo en euros):

* 1/2 día de clases: 3 horas: 300 por día -mínimo- o el 45%** de los ingresos brutos -lo que sea mayor.

* Día completo de clases: 6-7 horas: 425 por día -mínimo- o el 45% de los ingresos brutos -lo que sea mayor.

* Gastos de viaje (por adelantado). Soy alto, así que para vuelos largos sobre el océano, viajo en economía premium o en una fila de salida.

* Además de un pago único por cada ciudad, para cubrir mi tiempo de viaje, de 145 (una porción de esto va a la compensación de emisiones de carbono de mis viajes)

* La hospitalidad que mis anfitriones ofrecen viene en muchas formas. Las personas generalmente me alojan en sus casas y me alimentan, o me asignan un apartamento y me pagan una suma por gastos diarios. Me gusta dormir en una cama real en una habitación con una puerta que pueda cerrarse.

*Ocasionalmente, me gusta llevar a uno(a) de mis apadrinados(as) o a un(a) amigo(a) como invitado(a). Y

a menudo mis anfitriones invitan a un ayudante o dos como sus huéspedes.

*Un bonito estudio de danza, preferiblemente con piso de madera.

Los talleres de día completo normalmente duran seis horas y media, como de 11 a 5:30, con un receso para una comida compartida, en la que las personas traen alimentos ligeros para compartir. Esto es bueno para construir comunidad.

Podemos hablar acerca de estos detalles para ver qué es lo que funciona mejor para todos.

**El porcentaje de los ingresos brutos sube a 55% ó 60% si no hay costos de viaje involucrados.

El mínimo sube sustancialmente si estoy enseñando en una institución, donde el porcentaje del ingreso bruto no se considera.

Algunas veces gano sólo mi mínimo, aunque esto es raro. Esto se compensa cuando tengo un taller lleno, digamos de 30 a 40 estudiantes, donde puedo ganar más de mil euros en un día. Cuando gano bien, me complace que mis anfitriones también ganen bien por sus esfuerzos.

Enseñar en festivales

Los festivales son bestias increíbles. Nos nutrimos grandemente al codearnos con otros maestros y su investigación. Llego a conectarme con muchos estudiantes nuevos y son además una fuente de invitaciones futuras para talleres.

Sin embargo, batallo con cuán pocos festivales les pagan comúnmente a sus maestros. Yo siempre pido cien euros por hora cuando me invitan a un festival, pero rara vez los recibo. La falta de ingresos significa que sólo puedo costear asistir a un festival por año.

Cuando los festivales de *Contact* surgieron por primera vez, les proponía a los organizadores que me tuvieran en el festival y que añadieran un taller intensivo, antes o después. Esto me permitía combinar el nutrirme del festival y el pago por el taller intensivo. Los organizadores sólo tenían que pagar el boleto aéreo una vez. Ahora es una práctica común el traer a maestros de "nombre reconocido" a los festivales.

Enseñar en casa

Cuando vivía en el área de la Bahía de San Francisco, yo era uno de los pocos maestros que tenía clases llenas con regularidad. Me gustaba llevar a cabo dos series simultáneas de 3 meses, de 12 clases cada una. Esto me daba la satisfacción de trabajar con un grupo comprometido por un período largo y significaba que yo sólo necesitaba llenar mis clases alrededor de tres veces por año.

Al igual que a muchos maestros, no me gusta la cacería ineludible para que los estudiantes se inscriban en mis clases. Así que se me ocurrió una fórmula para hacer el trabajo agradable. La llamé Horas Más Una.

Cuando era el momento de captar estudiantes, sumaba mis horas de enseñanza: 48 horas y le sumaba una hora: 48+1=49 horas. Este sería el número de horas que usaría para promover mis talleres.

Dividía mi pago entre mis horas de enseñanza y mis horas de promoción, entonces estaba recibiendo una cantidad sustancial por hora en ambos casos. Esto hizo que comunicar a las personas cuánto disfrutarían de los talleres se sintiera menos oneroso.

También me permitía "pagarme" a mí mismo el ir a los *jams*, ya que era parte de la búsqueda.

Cuando mis clases adquirieron cierta popularidad, añadí un prerrequisito para asistir. Era necesario que las personas estudiaran con alguien más para unirse a mis clases. Esto ayudaba a otros maestros y además llenaba mis clases de estudiantes comprometidos a la forma que bailaban varias veces por semana.

Las escalas flexibles

Las personas atraídas al *Contact* Improvisación algunas veces viven en un límite delicado, financieramente hablando. Muchos en nuestra comunidad ponen poca atención en la ganancia material. Esto nos lleva al tema de cómo hacer los talleres accesibles para todos, y a su vez generar suficientes ingresos para pagarle un salario digno al maestro.

En el pasado, he sido crítico de las escalas flexibles porque encuentro que generan vergüenza en las personas que pagan poco y resentimiento en las personas que pagan más. Me parece que esto afecta el clima de las clases y la receptividad de las personas hacia el material.

Entonces, a Todd Paulsmeyer se le ocurrió el modelo de escalas flexibles, que aparece a continuación, para el Jam Moab. Al ser así de específico acerca de quién es quién y al hacerlo con alegría, hay pocos sentimientos encontrados en torno al dinero. Earthdance y muchos organizadores de talleres ahora usan una variante de este modelo para definir sus escalas flexibles.

Recomiendo una gran brecha entre las cantidades superiores e inferiores, de modo que personas con situaciones genuinas de escasos recursos puedan asistir.

Precio de estudiante: Estudiantes desfavorecidos económicamente y desempleados: $____

Precio regular: Empleado pero con desafíos económicos (maestro, bibliotecario, muchos niños, etc.): $____

Precio de profesional: Que actualmente está aportando a su plan de jubilación (¡apoyen las artes!): $____

Acerca de ser un artista itinerante e independiente

Vi esto en la ventana de la Cámara de Comercio en Berkeley, California: "Lo mejor de ser un trabajador independiente es que sólo tienes que trabajar medias jornadas y puedes elegir cuáles 12 horas usar".

Ir de gira con una pauta

Cuando salgo de gira, algunas veces le pregunto a mi esposa, Liza: "¿Cuál es mi estructura?". Una vez ella me respondió: "Tu estructura es la receptividad salvaje". Le hice la misma pregunta a Anado, un hombre en mi grupo de hombres, y él dijo: "Estás tan feliz cuando regresas de las giras y has descubierto material nuevo, así que tu estructura es: inventar cosas". Mi amigo Sky, quien me conoce bien, respondió: "Haz lo que haces tan bien y ralentiza la curva del tiempo".

Así que ese año, mis estructuras durante las giras fueron: receptividad salvaje, inventar cosas y ralentizar la curva del tiempo.

Apoyar a la comunidad local de *Contact*: desarrollo de *jams*

A menudo escucho que las comunidades se lamentan diciendo que no hay suficientes personas para mantener un jam. En estos casos, recomiendo reunir un grupo más pequeño para cuajar la forma. Luego, cuando ya hay unos pocos compañeros comprometidos, les doy el siguiente formato para crear un jam próspero.

Vivo en una isla de sólo diez mil personas y tenemos dos *jams* semanales con buena asistencia. Encontramos que el secreto es tener múltiples anfitriones, que se rotan para mantener el espacio. Cada uno ha de organizar a su manera: algunos eligen abrir el espacio; a otros les gusta dirigir calentamientos y tener círculos de inicio y de cierre; cada uno sigue sus intereses. El anfitrión se asegura de que los recién llegados se sientan bienvenidos, aunque todos los anfitriones presentes comparten esta responsabilidad.

Cada anfitrión queda a cargo alrededor de una vez al mes. Al menos cinco anfitriones estarán presentes en cada jam. Esto significa que las personas nunca tienen que preguntar si habrá masa crítica. Promediamos de 15 a 20 participantes.

Mantenemos bajo el precio del jam, de modo que el dinero no sea un obstáculo. Los anfitriones también pagan para asistir. Hemos acordado que, al final del año, si hay un déficit lo dividimos (esto nunca ha sucedido) y cuando hay un excedente vamos a cenar algo juntos.

Les ofrezco esta fórmula a las comunidades, sabiendo muy bien que más *jams* prósperos significan que más maestros itinerantes serán invitados a enseñar y a polinizar la comunidad.

Tener una vida más allá de enseñar

Cuando estoy enseñando, estoy en mi nicho. Florezco. Veo culturas y comunidades extranjeras como invitado, más que como turista. Me alimentan con cocina local, me dan una cama y me presentan a un grupo al cual puedo presentarle mi amor por el *Contact* Improvisación y ser apreciado por esto. Esto me hace brillar.

Cuando vuelvo a casa de mis giras y me encuentro nuevamente cambiando pañales y diciéndole a nuestro hijo de catorce años que *sí* es su turno de vaciar el lavaplatos... y luego tengo que correr por la casa para averiguar quién movió el destapa caños... y descubro que debo llevar el auto al mecánico porque, cuando giras la llave, suena como si alguien estuviese tratando de exprimir a un gato en la licuadora –las realidades del hogar y la familia pueden remover rápidamente el brillo de ser el "célebre" maestro de *Contact*.

El otro lado de esto (siempre parece haber otro lado...) es el vacío de los viajes interminables y las innumerables relaciones fugaces. Y la plenitud que solamente puede venir de la caca de bebé debajo de las uñas, porque tu bebé se ríe cuando haces caras y rebotas arriba y abajo zumbando como un abejorro.

Nada queda sin decir

Cuando salgo de gira, algo muere en mí.

Me aseguro de que nada quede sin ser dicho cuando me voy (sólo por si acaso). Y luego, la mayoría de las veces tengo experiencias extraordinarias en el camino: las conexiones, los bailes, el codearme con diferentes personas me cambia.

En mi última gira, estaba bailando en Uruguay, y esta frase vino a mí: "¡Mi vida a cambio de una danza!"

BRASAS EN EL CORAZÓN
LAS ESTRUCTURAS, HERRAMIENTAS Y ESPECIAS SECRETAS DEL MAESTRO

E**l maestro como alquimista**

Enseño en un convento colonial transformado, completado en 1765. Este edificio alberga la Escuela Nacional de Bellas Artes en San Miguel de Allende, México. El estudio de danza tiene techos abovedados, ventanas grandes con vista hacia un amplio patio lleno de fuentes y un piso tan suave como la seda que cuenta sus años en siglos.

Un día, hace casi dos décadas, en este majestuoso edificio, una estudiante rodó hacia uno de los espejos de cuerpo entero y éste se rompió en pedazos. Uno de los fragmentos que cayó le cortó la pantorrilla. Como pueden imaginarse, esto detuvo la clase. A la semana siguiente, alguien que estaba calentando en el mismo lugar del salón se lastimó la rodilla. Una semana más tarde, otra persona más se lesionó, esta vez quebrándose un dedo del pie mientras tan solo caminaba por el mismo sector del piso.

Estas tres experiencias tan cercanas me hicieron recordar otros incidentes en esta misma ubicación. En la geografía de este estudio, aparentemente ese punto NO era un buen lugar para bailar.

Así que comenzamos a apilar nuestras mochilas y prendas de vestir en esta área para mantenernos a salvo.

Esta observación puso en marcha mi investigación respecto a cómo las geografías de los estudios de danza y la disposición del espacio, tanto visible como invisible, pueden apoyar o socavar nuestra investigación y enseñanza de *Contact* Improvisación. (Hablé acerca de la geografía de los estudios de danza en "El primer contacto").

Los estudiantes en mis clases no están plenamente conscientes de cómo esta investigación afecta la forma en que guío al grupo. Este es uno de los varios componentes subyacentes de mi pedagogía.

Le conté la historia del estudio de danza a Natanja den Boeft, una maestra de *Contact* de Holanda. Esto nos llevó a una conversación acerca de estructuras, herramientas y especias secretas de un maestro. Decidimos co-facilitar un laboratorio enfocado en estos "ingredientes secretos" para ver qué podíamos aprender el uno del otro. Esto fue en la ECITE (2003) en Findhorn, Escocia. El título del laboratorio fue "El chamanismo de la pedagogía de *Contact* Improvisación". Hice un taller similar con Angela Dony, de Rusia, en un encuentro de maestros antes del Festival de *Contact* de Friburgo (2015).

A medida que recuerdo estos laboratorios y reviso cuatro décadas de registros, me doy cuenta de que he recolectado numerosas notas acerca de estas perlas secretas para la transmisión del *Contact* Improvisación. He rociado estas perlas a lo largo de la segunda parte de este libro y he guardado algunas otras que considero importantes para esta sección final. Siento cierta vulnerabilidad al ofrecerlas. Espero que encuentren algunas útiles en su propia enseñanza.

. . .

El humano incompleto

La autoestima de un hijo o una hija aumenta cuando los padres aceptan las facetas que no han madurado o que están sin resolver en el niño. No es que nuestros niños, en algún punto, se conviertan en seres humanos "completos".

Se requiere de una valiente disposición para darles lugar dentro de la danza a esas partes aún no resueltas de nosotros y de nuestras parejas. Nosotros, como bailarines, nunca estamos "completos" tampoco. ¿Cómo superar, e incluso celebrar, los fragmentos no resueltos de nosotros mismos?

Enseñar desde nuestras heridas

Carl Jung, al hablar acerca del arquetipo del sanador herido, dice que nuestro mayor regalo hacia la comunidad viene de nuestra herida.

Mi rol en mi familia fue el de ser el "constelador". Debía asegurarme de que todos estuvieran conectados con los otros, o yo recibiría la peor parte. Desarrollé la habilidad de saber lo que todos en el salón estaban sintiendo y cómo se estaban conectando –o desconectando– los unos con los otros. Esta herida, esta habilidad, ha sido invaluable para mí como maestro para constelar grupos de estudiantes.

La excavación cruda y tierna de nuestras heridas nos hace más conscientes y articulados. Esto nos da herramientas para enseñar que no podrían ser aprendidas en un ambiente de clase.

Cuando el tesoro está lleno y cuando el tesoro está vacío

Cuando el tesoro interior de alguien está lleno, las personas corren a presentarle obsequios. Cuando una persona se siente rica y sin necesidades, las otras personas le ofrecen reverencia y aprecio de forma voluntaria.

Paradójicamente, cuando el tesoro interior es "insuficiente", las personas tratan de robar lo poco que queda. Cuando una persona siente más hambre de reconocimiento, éste no llega.

Esta puede ser información vital para un maestro. Si estás sintiendo falta de reconocimiento, ¿cómo está tu tesoro? ¿Será tiempo de bailar más en situaciones fuera del ambiente de las clases? ¿Necesitas pasar más tiempo en quietud o en la naturaleza? ¿Necesitas más aportes de aquellas personas a quienes respetas por su genialidad?

Un maestro con un tesoro rebosante crea una generosidad contagiosa en el grupo. Esto invita a que el tesoro de cada uno se desborde y el salón rebosa de bailarines que se entregan obsequios unos a otros.

Nuestra responsabilidad cuando los estudiantes salen del estudio

Es importante reconocer la naturaleza analgésica del *Contact Improvisación*. Bailar le puede dar un descanso a nuestras luchas personales y al dolor existencial. Este es un estado valioso para recibir información nueva.

Esta forma de baile también puede desprender a las personas de las auto-identidades que conocen. Los patrones y los límites antiguos cambian una vez que los comportamientos útiles dejan de ser efectivos. Esto puede ser confuso y atemorizante.

¿Cuál es nuestra responsabilidad como maestros cuando llevamos a las personas a este estado? ¿Cómo aliviamos a las personas el retorno a la cotidianidad sin que experimenten una reacción negativa? Como maestros, podemos ayudar al mantener a las personas conectadas con la sensación que los acompaña.

Recuperar partes de nosotros mismos

¿Cómo reconoces cuando estás rozando una forma chamánica de enseñar? Usar la palabra chamánico en este contexto puede implicar que estamos tratando de recuperar partes de nosotros mismos, posiblemente a través de invocar estados extra-ordinarios. Implica que estamos usando los lugares en -o alrededor de- nosotros donde existe un vacío entre campos coexistentes.

Si alguna vez has presenciado un nacimiento o un fallecimiento, puedes haber notado cuando la luz en la habitación cambia. Una manera de sentir que estamos cerca de este límite efímero es que una luz similar aparece alrededor de los bordes del estudio y en los espacios que hay entre las personas.

No puedes desear que suceda. Solo puedes preparar el terreno.

La disolución completa cuando enseñas

Estás bailando. Te has disuelto en la danza. No hay sentido de ti y otro; existe SOLO la danza.

Despedazando este momento de transparencia sublime, aparece una imperfección o un nudo. De pronto te duele la rodilla, o te sientes irritado ante la insensibilidad de tu pareja, o te juzgas a ti mismo por perder la fluidez.

¿Cómo dibujamos un círculo más grande aquí, de forma que el momento presente incluya la imperfección? ¿Cómo podemos ver los nudos como parte de lo fluido? ¿Cómo podemos hacer de los nudos una faceta de la transparencia?

Cuando somos arrojados, de nuevo, fuera de este estado de disolución, ¿dónde encontramos compasión por nosotros mismos, por el otro, por la danza y mantenemos vivo el espíritu de invitación?

Enseñar en estado de estupefacción

Cuando una persona mantiene una meditación o práctica singular por años y décadas, puede desarrollar 'siddhis' o poderes. Al enseñar *Contact* Improvisación, con el tiempo algunas personas desarrollan el 'siddhi' de la vulnerabilidad. Hablan de una forma abierta y cándida. Comienzan por donde están y confían en que los llevará a algún sitio. O como lo dice Munju Ravindra: "*Estas personas caminan con paciencia, estupefactas por la belleza y la desesperación del mundo*". Este es mayormente un lugar inalcanzable, un lugar poderoso.

Un impulso espiritual

Una estudiante dijo una vez desde su silla de ruedas, en un círculo de cierre: "*Contact* Improvisación es una expresión física de un impulso espiritual".

Si aceptamos que decir "sí" a una situación es decir sí a toda la existencia, entonces esta forma emana desde un impulso espiritual.

Momentos preciosos y raros para establecer una intención

El Jam de Contact del Norte de California (*Northern California Contact Jam*) en Harbin Hot Springs consiste en cinco días en un lugar hermoso, con personas maravillosas y la danza como la actividad principal de día y de noche.

Durante estos eventos, regularmente hacemos "estanques de sueños", donde nos sentamos en un círculo y los participantes expresan sus sueños y deseos para el jam y para sus vidas.

En mi decimoctavo jam, durante año nuevo, puse como deseo que me gustaría ver a personas bailando Contact Improvisación al máximo de energía, desnudas. Pensé: "sí, seguro, eso nunca sucederá".

A medida que bailábamos el final del año viejo, un grupo de doce bailarines creó una partitura de cuenta regresiva para los instantes que llevan a la medianoche. Cada uno de ellos vestía diez piezas y con cada número de la cuenta regresiva –10, 9, 8, etc. – se quitaba una pieza de ropa, hasta que a la medianoche quedaron completamente desnudos. Para mi deleite, hicieron danzas desenfrenadas de Contact.

¡Mi sueño hecho realidad!

Esa noche, me di cuenta de que casi siempre había recibido los deseos que había expresado en los estanques de sueños a lo largo de los años. Me pregunté por qué, con ese récord de éxito, me había limitado a expresar sólo mis deseos pequeños.

En el siguiente jam, lancé en el estanque de sueños mi deseo de conocer a la mujer que sería mi pareja de vida y la madre de mis hijos. Al cabo de un año, ella apareció. Y al año siguiente, ella asistió conmigo al jam, embarazada de nuestro hijo, Dylan.

Eso fue hace dos décadas.

En todo el mundo, veo a bailarines aportando su generosidad para formar comunidades de Contact. En el tiempo que compartimos, podemos estar alertas a estos momentos preciosos para establecer la intención, tanto individualmente como en comunidad. En estos momentos, con personas que piensan parecido, habitamos los dos lados del borde y nuestras voces pueden ser escuchadas por los poderes que allí se manifiestan.

Conclusión de las brasas en el corazón

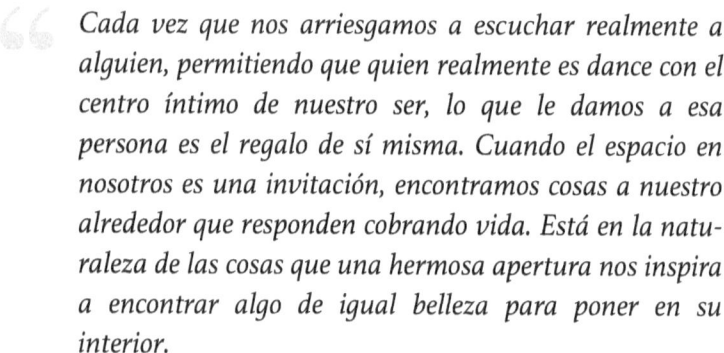

Cada vez que nos arriesgamos a escuchar realmente a alguien, permitiendo que quien realmente es dance con el centro íntimo de nuestro ser, lo que le damos a esa persona es el regalo de sí misma. Cuando el espacio en nosotros es una invitación, encontramos cosas a nuestro alrededor que responden cobrando vida. Está en la naturaleza de las cosas que una hermosa apertura nos inspira a encontrar algo de igual belleza para poner en su interior.

- Charles Johnston "El imperativo creativo"

Cuando el grupo constela en conjunto

Hay un momento durante la clase en que todo cambia. Es el momento en que el grupo constela en conjunto, es el momento en que el maestro puede dejar de seguir a los individuos para seguir al grupo integrado.

Algunas veces, esta constelación sucede en cuestión de minutos en un grupo que se reúne por primera vez. A muchos grupos les toma dos o tres reuniones. Para algunos pocos, esto nunca sucede.

Cuando un grupo constela en conjunto, notas un cambio sobresaliente. Al inicio, cuando el grupo se sienta en círculo y los individuos hablan, ellos se dirigen solamente al maestro. Después de la transición, expresan sus observaciones y comentarios a todos.

Para llegar a constelar, existen estrategias y herramientas que son útiles. El trabajo serio y enfocado ayuda a un grupo a constelar, tanto como ayuda el juego y la risa. Esto puede llevar a las personas a entrar tan profundamente en detalles de sensación que pierden su narrativa normal por un tiempo.

Hay un elemento que incentiva esta transición, al cual llamo brasas en el corazón. Es el lugar en el maestro donde el humo del entusiasmo excesivo se ha desvanecido y donde las brasas están listas para cocinar lento.

Este resplandor puede surgir a partir de un compromiso apasionado con esta forma de danza. Para algunos maestros, las brasas se encienden simplemente con la presencia de los estudiantes. Las brasas pueden emanar desde donde una persona está más completa y desde donde está más herida. Y este podría ser el mismo lugar. Lo que está agrietado dentro de nosotros puede llevarnos al lugar de nuestros dones.

Cuando entramos a la constelación, las brasas en el corazón de cada uno se avivan y brillan las unas con las otras. Estas brasas relucientes permiten que cada persona se mueva más allá de su auto-concepto. Cada persona experimenta descubrir algo oculto y un espíritu de invitación aparece.

AGRADECIMIENTOS

Jeanette Soria apareció por primera vez como una de las bailarinas en la portada de la edición en inglés de este libro. Ahora puedes encontrar su espíritu en cada palabra entre tapa y contratapa. Agradezco infinitamente su amor por el idioma, su evidente habilidad para comunicarse, y su disciplina y destreza como traductora.

Uno se mueve por la vida, y de pronto se encuentra con los espíritus más generosos. En este libro, esa persona es Gabriela Wolochwianski. Peinó el texto y aportó un oído muy afinado a la prosa y a la poesía de estos ensayos.

Las comunidades de habla hispana en Centro y Sudamérica y en Europa han llenado de tonos y matices excepcionales la forma de danza *Contact* Improvisación. Me admira cómo esta compenetración en la investigación ha influenciado la forma en todo el mundo.

Agradezco de manera excepcional los años que bailé y practiqué con "La Orden de los Suspiros". Este grupo de practicantes y amigos también era conocido como los "mexicanos sin pantalón". Se ganaron este nombre porque una vez cosieron cien pares de pantalones de danza para costear su viaje desde San Miguel de Allende hasta el Festival de *Contact* de la Costa oeste en Berkeley.

Representan una fuerza muy potente en la evolución de *Contact Improvisación*.

A lo largo de las décadas, las personas se han convertido en pilares de apoyo en mis intentos por plasmar mis imaginaciones e ideas en el lenguaje. Me han ayudado a aclarar, especificar y llegar al corazón del tema. Lo más importante es que siguen insistiendo en que escriba las palabras en la página de la misma manera que las digo en voz alta.

Les doy mi más sincera gratitud por los comentarios entusiastas y directos a: Arye Bursztyn, Brad Stoller, Brenton Cheng, Carol Swann, Carolina Fernández, Cynthia Williams, Daniel Halkin, David Koteen, Deborah Whitehurst, Dey Summer, Dharam Kaur Khalsa, Elise Knudson, Eszter Gal, James Schlesselman, Jenny Doell, Jenny Epstein Kessem, Jill Cooper, Julie Nelson, Kees Lemmens, Leandro Howlin, Leslie Cohen Rubury, Lisa Nelson, Melanie Hedland, Melanie Rios, Nancy Stark Smith, Nicola Visser, Peggy Dobreer, Pen Dale, Rhonda Morton, Sarah Carr, Sarah Jaffe, Stefanie Sherman, Steve Bryson, Sue Lauther, Susan Singer, Ulli Wittemann, y eternamente, Liza Keogh.

(Después de 30 años de hacer esto, sé que he olvidado mencionar a muchos de los que me han ayudado en el camino. Si eres uno de ellos, recuérdeme para que pueda agregarte a futuras versiones de esta lista).

martinkeogh.com

Nota de la traductora: Por mi parte, aprovecho este espacio para agradecer la paciencia y confianza de Martin Keogh, el cuidado minucioso de Gabriela Wolochwianski, y la colaboración invaluable de Elizabeth Paz. Me descubrí entre los sonidos de las palabras y las sensaciones de las danzas y me abandoné a la sensación de los sonidos. Esta experiencia atravesó mi danza como jamás habría imaginado y, en mi afán de percibir la emoción de las palabras, me llevó a corporeizar el lenguaje.

También mi más sincero agradecimiento a todas las personas que me acompañaron con sus danzas en la búsqueda de las palabras y la comunidad emergente de Contact en Guatemala que ha nutrido mi práctica de formas tan diversas.

Notas

martinkeogh.com

www.ingramcontent.com/pod-product-compliance
Lightning Source LLC
Chambersburg PA
CBHW030231170426
43201CB00006B/179